Gustave Flaubert war der Überzeugung, daß der Ort, die Landschaft, in der ein Schriftsteller lebt, einen erheblichen Einfluß auf sein Schreiben hat. Er selbst habe bei seiner Geburt »den Nebel des Nordens« eingeatmet. Das war in Rouen, und Flaubert hat nicht nur den größten Teil seines Lebens dort verbracht, sondern auch seine wichtigsten Romane (wie *Madame Bovary*) in der Normandie angesiedelt.

Die Normandie: Weideland mit Kühen, Hügel und Apfelplantagen, Wälder und Moore, das Meer mit Steilküste und Sandstrand, Nebel, Regen und das besondere Licht, das die impressionistischen Maler anzog. Landschaft und Atmosphäre spiegeln sich auf sehr eigene Weise in den Werken von Schriftstellern, die hier gelebt haben.

Einige von ihnen sind in der Normandie geboren wie Gustave Flaubert, Guy de Maupassant und Maurice Leblanc, der Erfinder des Detektivs Arsène Lupin, andere wie Simone de Beauvoir haben sich zeitweise hier aufgehalten. Marguerite Duras, Alain und Catherine Robbe-Grillet haben ihren Wohnsitz hier genommen, Marcel Proust war Sommergast.

Das Buch folgt den Spuren berühmter Schriftsteller in der Normandie, führt zu deren Wohn- und Arbeitsstätten und zu den Schauplätzen ihrer Literatur. Das sind sowohl mondäne Badeorte und Hafenstädte als auch Dörfer in der Provinz, Herrenhäuser und Schlösser.

insel taschenbuch 3268
Sabine Grimkowski
Normandie

Normandie

Ein Reisebegleiter

Von Sabine Grimkowski
Mit farbigen Fotografien
und Landkarten

Insel Verlag

Abb. S. 4: Étretat: Die hohle Nadel und die Falaise d'Aval

insel taschenbuch 3268
Originalausgabe
Erste Auflage 2007

Quellennachweise am Schluß des Bandes
Vertrieb durch den Suhrkamp Taschenbuch Verlag
Umschlag: Elke Dörr
Satz: Hümmer GmbH, Waldbüttelbrunn
Druck: Druckhaus Nomos, Sinzheim
Printed in Germany
ISBN 978-3-458-34968-6

1 2 3 4 5 6 – 12 11 10 09 08 07

Inhalt

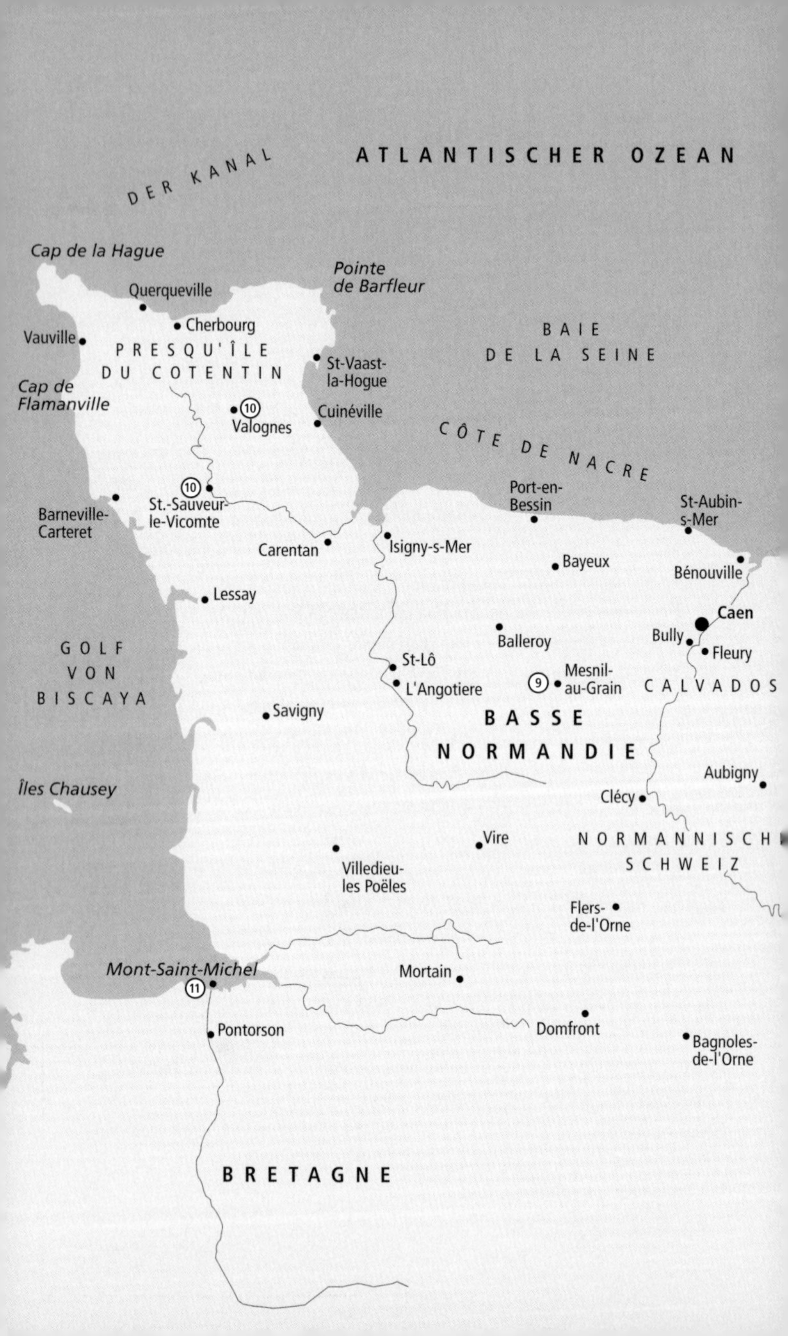
ATLANTISCHER OZEAN
DER KANAL
Cap de la Hague
Pointe de Barfleur
Querqueville
Cherbourg
Vauville
PRESQU'ÎLE DU COTENTIN
St-Vaast-la-Hogue
BAIE DE LA SEINE
Cap de Flamanville
10 Valognes
Cuinéville
CÔTE DE NACRE
10 St.-Sauveur-le-Vicomte
Barneville-Carteret
Port-en-Bessin
St-Aubin-s-Mer
Carentan
Isigny-s-Mer
Bayeux
Bénouville
Lessay
Caen
Balleroy
Bully
Fleury
GOLF VON BISCAYA
St-Lô
L'Angotiere
9 Mesnil-au-Grain
CALVADOS
Savigny
BASSE NORMANDIE
Aubigny
Îles Chausey
Clécy
Vire
NORMANNISCHE SCHWEIZ
Villedieu-les Poëles
Flers-de-l'Orne
Mont-Saint-Michel
11
Mortain
Domfront
Pontorson
Bagnoles-de-l'Orne
BRETAGNE

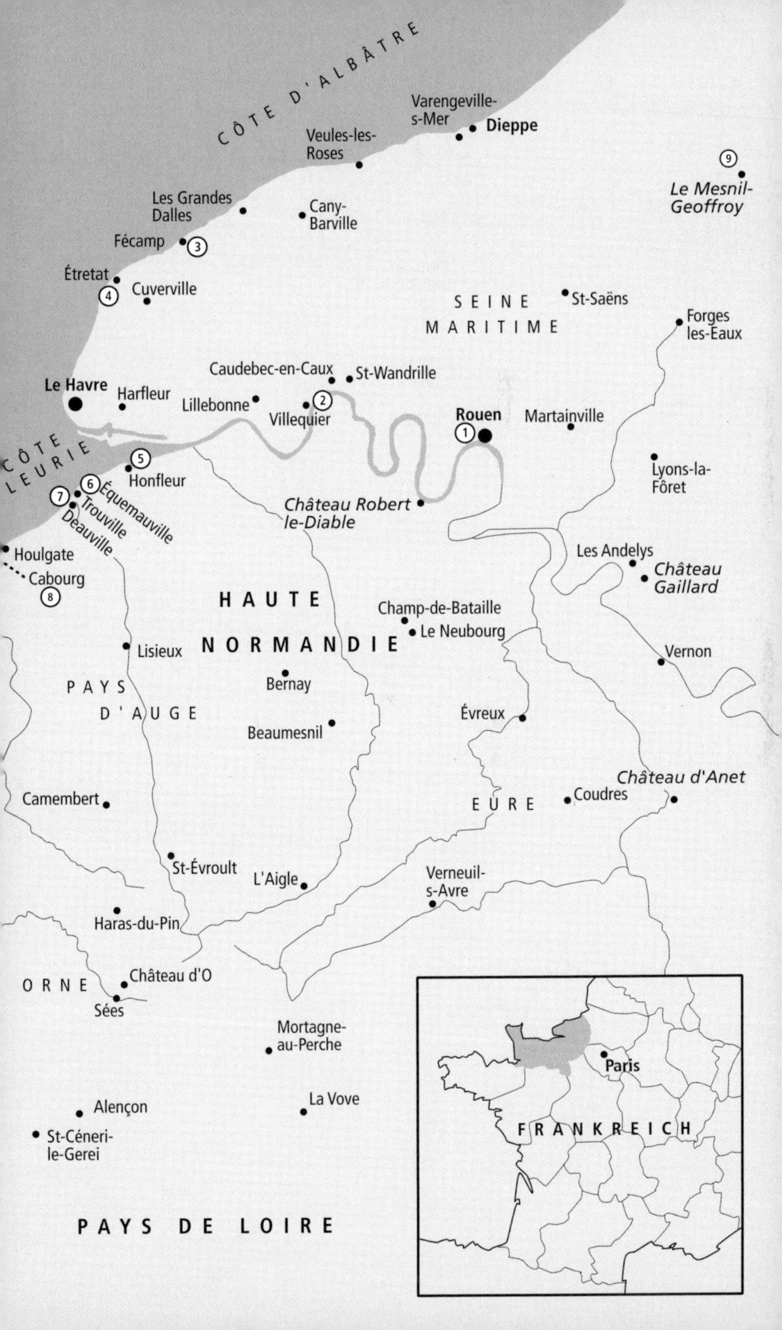
CÔTE D'ALBÂTRE
Varengeville-s-Mer
Dieppe
Veules-les-Roses
9
Le Mesnil-Geoffroy
Les Grandes Dalles
Cany-Barville
Fécamp
3
Étretat
4
Cuverville
SEINE MARITIME
St-Saëns
Forges les-Eaux
Caudebec-en-Caux
St-Wandrille
Le Havre
Harfleur
Lillebonne
2
Villequier
Rouen
1
Martainville
CÔTE LEURIE
5
Honfleur
6
Équemauville
7
Trouville
Deauville
Château Robert le-Diable
Lyons-la-Fôret
Houlgate
Cabourg
8
Les Andelys
Château Gaillard
HAUTE NORMANDIE
Champ-de-Bataille
Le Neubourg
Lisieux
Vernon
PAYS D'AUGE
Bernay
Évreux
Beaumesnil
Château d'Anet
Camembert
Coudres
EURE
St-Évroult
L'Aigle
Verneuil-s-Avre
Haras-du-Pin
Château d'O
ORNE
Sées
Mortagne-au-Perche
Paris
FRANKREICH
La Vove
Alençon
St-Céneri-le-Gerei
PAYS DE LOIRE

1. Rouen, Croisset, Ry

Gustave Flaubert – der ewige Junggeselle

Rouen

»Meine gräßliche Heimatstadt«, so nannte Flaubert **Rouen**. Entkommen ist er ihr nicht, oder nur wenige Kilometer weit bis in den Vorort **Croisset**. Sein Werk, denken wir nur an *Madame Bovary*, wäre ohne die Stadt und ihre Umgebung nicht denkbar. Manchmal sind es nur Details, die ihn zum Schreiben angeregt haben, manchmal hat er eine Geschichte an einem bestimmten Ort lokalisiert. Bis auf seine große Orientreise, die ihn nach Ägypten, in den Libanon, nach Syrien und Palästina, nach Konstantinopel, Athen und durch Italien führte, ein paar kürzere Reisen und die gelegentlichen Aufenthalte in Paris hat Flaubert Rouen beziehungsweise Croisset selten verlassen.

Der Spaziergang durch Rouen auf den Spuren Gustave Flauberts beginnt an seiner Geburtsstätte, die heute ein Museum ist: **Musée Flaubert et d'Histoire de la Médecine (Museum Flaubert und der Geschichte der Medizin)**. Am 12. Dezember 1821 wurde Gustave Flaubert in der rue de Lecat 17 (die Häuser wurden damals anders gezählt), in einem Flügel des Hôtel-Dieu, des Krankenhauses von Rouen, geboren. Dieser Teil des Gebäudes war dem Chirurgen und Direktor des Krankenhauses und seiner Familie als Wohnung und Praxis zugedacht. Achille Cléophas Flaubert, Gustaves Vater, hatte diese Funktion inne. Das Museum ist heute nicht nur der Familie Flaubert gewidmet, sondern zeigt auch den Stand der medizinischen Behandlungsmethoden im 19. Jahrhundert. Im Erdgeschoß sind chirurgische und gynäkologische Instrumente ausgestellt sowie Einrichtungsgegenstände ärztlicher Praxen, Glasflaschen, Bücher zur Anatomie

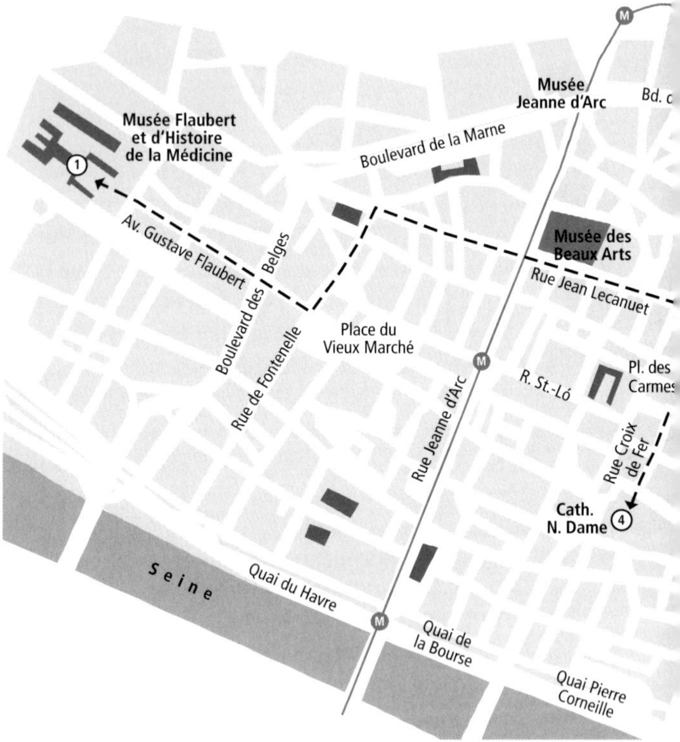

oder Pathologie und eine »Geburtsmaschine«, an der Hebammen Geburtshilfe erproben konnten. Hier hatte der Vater einst seine Praxis eingerichtet. Die Wohnung der Flauberts lag im ersten Stock. Das Kind Gustave mußte auf dem Weg in die elterliche Wohnung an den wartenden Patienten vorbei. Kranke und Krankheiten waren Flaubert schon früh vertraut.

Man kann sich Szenen aus Gustaves Kindheit vorstellen: Der kleine Junge spielt im Garten Ball, die Mutter ruft zum

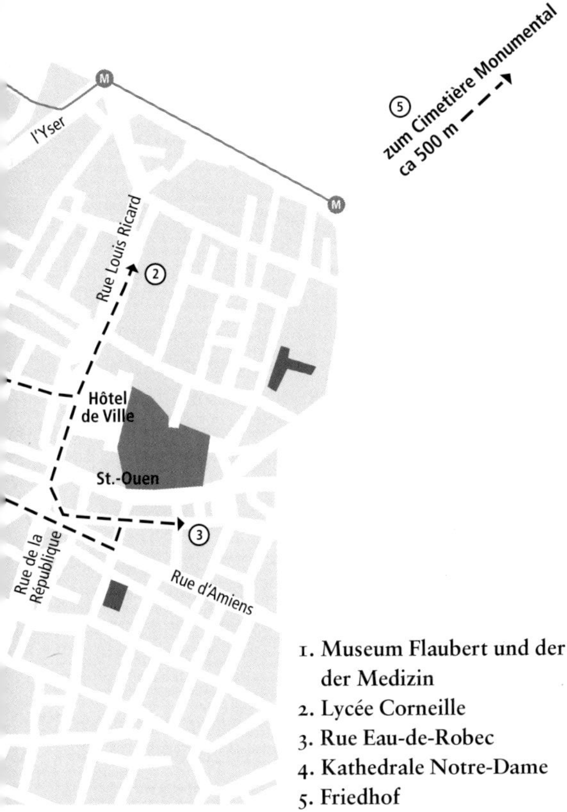

1. Museum Flaubert und der Geschichte der Medizin
2. Lycée Corneille
3. Rue Eau-de-Robec
4. Kathedrale Notre-Dame
5. Friedhof

Essen. Er öffnet die Haustür und steht mitten im Wartezimmer. Neugierig starrt er auf einen geschienten Arm, ein offenes Bein, einen sich vor Schmerzen Krümmenden. Vielleicht fragt einer freundlich, die Neugier des Knaben bemerkend, ob er auch einmal Arzt werden wolle wie sein Vater. Nein, diese Rolle sollte sein acht Jahre älterer Bruder Achille übernehmen. Gustaves Interesse für die Krankheiten ist anderer Art. Später begleitete er den Vater in die Pathologie. In einem Brief beschreibt er, wie er zusah, als sein Vater im Amphitheater des medizinischen Hörsaals eine Leiche obduzierte, und wie die Fliegen, die auf dem Toten ihren Beitrag zur Zersetzung des Leichnams leisteten, sich anschließend auf seine junge Haut setzten.

Flaubert war ein genauer und scharfer Beobachter, und er hat aus diesen Erinnerungen seiner Kindheit geschöpft. Nicht nur, daß seine berühmte Romanfigur Charles Bovary den Beruf des Arztes ausübt, Flaubert hat auch den »medizinischen«, das heißt den distanzierten Blick als Stilmittel benutzt. In *Madame Bovary* beschreibt er mit großer Genauigkeit medizinische Details, die er dem Vater bei der Arbeit abgeguckt oder abgelauscht haben muß, zum Beispiel das Schienen eines gebrochenen Beines oder diese mißlungene Operation an einer Sehne:

»An einem Pferdefuß muß zunächst die Achillessehne durchschnitten werden, dann der vordere Schienbeinmuskel. Eher kann der Varus nicht beseitigt werden. Charles wagte es kaum, beide Schnitte auf einmal zu machen. Auch hatte er große Angst, einen wichtigen Teil zu verletzen. Seine anatomischen Kenntnisse waren mangelhaft. Ambrosius Paré, der fünfzehn Jahrhunderte nach Celsus die erste unmittelbare Unterbindung einer Arterie wagte, Dupuytren, der es unternahm, einen Abszeß am Gehirn zu öffnen, Gensoul, der als erster eine Oberkieferabtragung ausführte – allen diesen hat sicherlich nicht so das Herz geklopft und die Hand gezittert, und sie waren gewiß nicht so aufgeregt wie Bovary, als er Hippolyt unter sein Messer nahm.«[1]

Von den Parterreräumen aus führt eine Treppe in die oberen Räume, die mit den Einrichtungsgegenständen der Familie Flaubert möbliert sind. In der Alkovenecke soll Gustave geboren sein; an der Wand über dem Bett hängt ein Porträt seines Vaters. Ausgestellt sind Bilder und Gegenstände, die in Flauberts späterem Werk wiederzufinden sind, z. B. drei

Statuen des heiligen Antonius und ein besonders kitschiges Bild seiner Versuchung: Der heilige Antonius wird heimgesucht von nackten, hellhäutigen, langhaarigen Frauen. Sitzend, mit einem langen Bart, die Augen geschlossen, die mageren Gliedmaßen an den Körper gezogen, ist er ganz Asket. Nichts läßt darauf schließen, daß er der Versuchung nachgeben könnte.

Der heilige Antonius ist eine Figur, die Flaubert sein ganzes Leben hindurch begleitet hat, dreimal hat er die *Versuchung des Heiligen Antonius* umgeschrieben. »Es scheint«, schreibt Michel Foucault über Flauberts unermüdliche Annäherung an diese Figur, »als bilde die *Versuchung* neben den übrigen Texten, hinter ihnen, eine Art ungeheurer Reserve an Gewaltakten, an Phantasmagorien, Schimären, Alpträumen und burlesken Profilen.«

In einer Szene versucht die Königin von Saba, Antonius zu verführen:

»Alle, denen du je begegnet bist, vom singenden Straßenmädchen unter der Laterne bis zur Patrizierin, die Rosen aus ihrer Sänfte blättert, alle Formen, alle Wunschbilder deiner Phantasie, begehre sie! Ich bin keine Frau, ich bin eine Welt. Meine Kleider brauchen nur zu fallen, und du wirst die Mysterien meines Leibes finden.«[2]

Ein weiteres Bild, nicht minder kitschig als das des Antonius, zeigt das Ableben der Emma Bovary. Es stammt aus dem Jahr 1908 von einem gewissen L. Thiboult. In einem Schaukasten unter Glas ist die erste Ausgabe des Romans *Madame Bovary* ausgestellt.

Dann taucht in einer Vitrine Flauberts Papagei auf, grün, groß und ausgestopft. Die Geschichte mit dem Papagei ist kurios. Es gibt nämlich noch einen zweiten, und der befindet sich im Pavillon in Croisset, der anderen Flaubert-Gedenkstätte (siehe S. 29). Von jedem der beiden Papageien

wird behauptet, er sei der authentische, den Flaubert auf seinem Schreibtisch vor sich hatte, als er die Erzählung *Ein schlichtes Herz* schrieb. Um sich, wie er sagte, »eine Vorstellung vom Papagei« zu machen, um sich in einen Vogel hineinzuversetzen, der von einer alten Dienstmagd geliebt wird, hatte er sich vom Naturhistorischen Museum einen ausgestopften Papagei ausgeliehen und nach Beendigung der Arbeit wieder zurückgebracht. Als das Flaubert-Museum eingerichtet wurde, baten die Kuratoren das Naturhistorische Museum, ihnen den von Flaubert ausgeliehenen Papagei – das Dokument, das den Leihvorgang bezeugt, ist tatsächlich noch vorhanden – zur Verfügung zu stellen. Sie bekamen ein prachtvolles Exemplar, ebenjenes, das hier in der Vitrine zu sehen ist. Dasselbe geschah bei der Einrichtung des Pavillon in Croisset als Gedenkstätte. Auch dieses Museum wurde mit einem Papagei bedacht. Und plötzlich gab es zwei Amazonenpapageien, beide wunderschön grün mit roten Flügelspitzen. Die Identität des wahren Flaubertschen Papageis konnte nie festgestellt werden, und so beanspruchen beide, der »echte« zu sein. Es könnte aber genauso ein dritter oder vierter oder ein ganz anderer gewesen sein. Denn angeblich besaß das Naturhistorische Museum einen ganzen Fundus von ausgestopften Papageien. Der englische Schriftsteller Julian Barnes hat darüber eine schöne Geschichte mit dem Titel *Flauberts Papagei* geschrieben.
Félicité, der armen Dienstmagd in *Ein schlichtes Herz*, wird es egal gewesen sein, welcher Papagei das Vorbild war für den, dem sie ihre Liebe schenkte. Denn Liebe war es, was sie dem Tier entgegenbrachte, Liebe auf den ersten Blick.
»Er hieß Lulu. Sein Leib war grün, die Spitzen seiner Flügel rosa, seine Stirn blau und seine Kehle goldfarben. Aber er hatte die unschöne Angewohnheit, in seine Stange zu beißen, sich Federn auszureißen, seinen Kot überall zu ver-

teilen und mit seinem Badewasser herumzuspritzen – Madame Aubain, der er lästig war, schenkte ihn für immer Félicité.«[3]

Félicité ließ ihn frei im Haus herumfliegen, heilte ihn, wenn er krank war, suchte ihn, wenn er verschwand. Eines Tages lag er tot in seinem Käfig. Seine Herrin, die nicht auf ihn verzichten wollte, ließ ihn ausstopfen. Fortan saß das Tier unbeweglich in ihrem Zimmer. Sein Anblick brachte Félicité auf abwegige Gedanken.

»Mit Hilfe eines Bretts wurde Lulu an einem Kaminbalken befestigt, der ins Zimmer ragte. Jeden Morgen, wenn sie erwachte, fiel ihr Blick im ersten Licht der Morgendämmerung auf ihn – und sie erinnerte sich entschwundener Tage und belangloser Tätigkeiten bis in alle Einzelheiten, ohne Schmerz und voll innerer Ruhe. ...

In der Kirche betrachtete sie lange den Heiligen Geist und bemerkte, daß er etwas von dem Papagei hatte. Diese Ähnlichkeit schien ihr noch deutlicher auf dem Altarbild in Épinal, das die Taufe unseres Herrn darstellte. Mit seinen Purpurflügeln und seinem smaragdgrünen Leib war er wirklich Lulus Ebenbild.«[4]

Sterbend schwebt die Seele der alten Félicité dem Himmel entgegen, wo sie ein riesiger Papagei erwartet.

Damit verlassen wir das Geburtshaus Flauberts und legen bis zur rue du Maulévrier, wo sich seine Schule befindet, eine gute Strecke zu Fuß zurück.

In der rue du Maulévrier befindet sich das **lycée Corneille**, die ehemalige Schule Flauberts; heute ist sie das renommierteste Gymnasium von Rouen. Wir stehen vor dem großen Eingangsportal, das zu dem angesehenen Gymnasium führt. Zu Flauberts Zeiten hieß es collège Royal. Bis zum Alter von zehn Jahren erhielt Gustave Hausunterricht, 1832 wurde er in das collège Royal geschickt, wo er seine Schulzeit bis zum

Abitur verbrachte und seinen langjährigen Freund Alfred Le Poittevin kennenlernte. Mehr als dreißig Jahre später, 1867, besuchte auch Guy de Maupassant, der Schützling Flauberts und spätere Schriftsteller, dieses Gymnasium. Gustave Flaubert gedenkt seiner eigenen Schulzeit im collège, wenn er seinen Roman *Madame Bovary* mit dem Eintritt des jungen Charles Bovary in das Institut beginnen läßt. Charles wird von seinem Vater persönlich ins collège nach Rouen gebracht. Und Flaubert ließ auch seine Vorliebe für den Jahrmarkt von Saint-Romain nicht unerwähnt, der damals nicht weit vom collège auf der place du Boulingrin stattfand, ein Jahrmarkt, auf dem die Verkäufer ihre Waren feilboten und Buden mit außergewöhnlichen Spektakeln warben. Als Junge liebte er die von Schaustellern dargebotenen Monstrositäten und Vorführungen von Straßentheatern. Später ließ er sich von Schriftsteller-Kollegen und Freunden wie Guy de Maupassant und George Sand begleiten und versuchte, sie mit seiner Leidenschaft anzustecken. Als Charles mit seinem Vater in Rouen ankommt, ist auf der place du Boulingrin gerade Jahrmarkt.

»Sechs Monate vergingen noch, und im Jahr darauf wurde Charles wirklich aufs Collège nach Rouen geschickt. Sein Vater brachte ihn persönlich dorthin. Es war Ende Oktober, die Zeit des Jahrmarkts von Saint-Romain.«[5]

»Die meisten seiner damaligen Kameraden werden sich kaum noch deutlich an ihn erinnern. Er war ein ziemlich phlegmatischer Junge, der in der Freizeit wie ein Kind spielte, in den Arbeitsstunden eifrig lernte, während des Unterrichts aufmerksam dasaß, im Schlafsaal vorschriftsmäßig schlief und bei den Mahlzeiten ordentlich zulangte.«[6]

Charles Bovary war alles andere als ein herausragender Schüler, doch dank einer gewissen Beharrlichkeit blieben seine schulischen Bemühungen nicht ganz ohne Erfolg. Die Eltern nahmen Charles gegen Ende des dritten Schuljahres wieder von der Schule und ließen ihn Medizin studieren. Damit kommen wir zur dritten Station des Flaubert-Rundgangs in Rouen.

Wir begleiten den Medizinstudenten Charles Bovary in sein neues Domizil, die **rue Eau-de-Robec**. Heute gehört die pittoreske Straße mit den rekonstruierten alten Häusern und dem Bächlein zu den Touristenattraktionen von Rouen. Zu Flauberts Zeit war es das Elendsviertel der Stadt. Hier übten die Färber und Gerber ihr Handwerk aus. In der Mitte der Straße gab es einen Flußlauf, in den die ansässigen Färberbetriebe ihre Abwässer einleiteten. Kaum vorstellbar, welche Gerüche sich dort verbreiteten. Die olfaktorische Belästigung drang in alle anliegenden Wohnungen, in alle Ecken und Ritzen. Die bessergestellten Bewohner von Rouen mieden dieses Viertel. In diesem »häßlichen Klein-Venedig« bezieht Charles Bovary als Student eine Wohnung, die ihm auch noch die Mutter besorgt. Sein Leben ist von Geldnot und Armseligkeit geprägt.

»Die Mutter mietete ihm ein Stübchen, vier Stock hoch, nach der rue Eau-de-Robec zu gelegen, im Hause eines Färbers, eines alten Bekannten von ihr. Sie traf Vereinbarungen über die Verpflegung ihres Sohnes, besorgte ein paar Möbelstücke, einen Tisch und zwei Stühle, wozu sie von zu Hause noch eine Bettstelle aus Kirschbaumholz kommen ließ. ...

An schönen Sommerabenden, wenn die schwülen Gassen leer wurden und die Dienstmädchen vor den Haustüren Ball spielten, öffnete er sein Fenster und sah hinaus. Unten floß der Fluß vorüber, der aus diesem Viertel von Rouen ein häßliches Klein-Venedig machte. Seine gelben, violett und blau schimmernden Wasser krochen träg zu den Wehren und Brücken. Arbeiter kauerten am Ufer und wuschen sich die Arme in der Flut. An Stangen, die aus Speichergiebeln lang hervorragten, trockneten Bündel von Baumwolle in der Luft. Gegenüber, hinter den Dächern, leuchtete der weite klare Himmel mit der sinkenden roten Sonne.«[7]

Charles hat Sehnsucht nach dem Land. Wir kennen die Geschichte: Er beendet sein Studium trotz der miserablen Unterkunft und erst beim zweiten Anlauf erfolgreich, läßt sich dann in einem Dorf in der Nähe Rouens als Landarzt nieder, geht eine unglückliche Ehe mit einer mäkelnden Frau ein und heiratet nach deren Tod die schöne, lebenshungrige Emma. Die erbärmliche rue Eau-de-Robec kann also als Ouvertüre zu einem bedauernswerten Leben gesehen werden.

Von der rue Eau-de-Robec aus sind es nur ein paar Straßenzüge bis zur Kathedrale Notre-Dame, der vierten Station unseres Spaziergangs.

Die **Kathedrale Notre-Dame von Rouen**, begonnen im 12. Jahrhundert, bis zum 16. Jahrhundert vervollkommnet, im Zweiten Weltkrieg stark zerstört und bis heute in Restauration, ist ein Wunderwerk gotischer Baukunst. Von Claude Monet wurde sie mehrfach gemalt, unter verschiedenem Lichteinfall.

Für den antiklerikalen Flaubert war die Kathedrale ein Symbol der Religion, die er als Anhänger Voltaires im Sinne der Aufklärung kritisierte. Als Schüler hatte er zusammen mit seinen Freunden den »garçon« erfunden, eine Figur, ausgestattet mit sarkastischem Humor, antikatholisch und respektlos wie ein Jahrmarktsnarr. Die Jungenbande zog durch die Stadt und gab in Stegreifszenen kleine Dialoge zum besten. Wenn die kleinen Aufsässigen an der Kathedrale vorbeikamen, führten sie Sketche auf, die die Greueltaten der Kirche im Lauf der Geschichte, besonders die Bartholomäusnacht, darstellten.

Dennoch – oder vielleicht gerade deswegen, weil er das Ge-

Claude Monet: *Das Portal und die Tour d'Albane bei vollem Sonnenlicht*, 1893/94. Musée d'Orsay, Paris

gensätzliche liebte – stoßen wir in Flauberts Werk mehrfach auf die Kathedrale.

In zwei späten Erzählungen, die er etwa drei Jahre vor seinem Tod geschrieben hat, nimmt Flaubert Bezug auf zwei Details der Kathedrale: in *Die Legende von Sankt Julian dem Gastfreien* und *Herodias*.

Die Legende von Sankt Julian dem Gastfreien endet mit den Worten: »Und das ist die Geschichte von Sankt Julian dem Gastfreien, ungefähr so, wie man sie auf einem Kirchenfenster in meiner Heimatstadt findet.«[8]

Diese Glasmalerei aus dem 13. Jahrhundert ist ein Geschenk der Fischhändler von Rouen an die Kathedrale und befindet sich im Chorumgang. Sie zeigt die Geschichte des heiligen Julian und hat Flaubert zu seiner Erzählung inspiriert. Es ist eine fromme, naive Darstellung, und Flaubert hätte sie gern – er bat seinen Verleger darum – als Abbildung in der ersten Ausgabe seiner Erzählung gehabt. Nicht, weil er sie als künstlerisch besonders gelungen ansah, sondern um seine Interpretation und literarische Ausarbeitung der Geschichte vom heiligen Julian gegenüber der Naivität der Darstellung auf dem Kirchenfenster hervorzuheben.

Julian, ein Kind von edlem Geblüt, hat sich dem Handwerk des Jagens und Tötens von Tieren verschrieben. Er betreibt es eifrig und mit Lust, bis ihn ein Fluch ereilt und ihm prophezeit, er werde seinen Vater und seine Mutter töten. So geschieht es, und fortan zieht Julian als Bettler durch die Lande, ohne Hab und Gut. Schließlich gibt er einem Aussätzigen zu essen und zu trinken und wärmt ihn mit seinem Körper. Durch diese Tat erlebt er eine Ekstase und finale Erlösung.

»Da umschlang ihn der Aussätzige; und seine Augen leuchteten plötzlich wie Sterne; seine Haare streckten sich aus wie die Strahlen der Sonne, der Atem aus seinen Nasenflügeln war lieblich wie Rosenduft, eine Weihrauchwolke stieg vom Herd auf, die Wogen sangen. Unendliche Wonnen und eine überirdische Freude überfluteten die Seele des verzückten Julian; und der, dessen Arme ihn umschlungen hielten, wuchs, wuchs und stieß mit dem Kopf und den Füßen an beide Wände der Hütte. Das Dach flog weg, der Himmel breitete sich aus, und Julian stieg ins blaue All, von Angesicht zu Angesicht mit unserem Herrn Jesus Christus, der ihn in den Himmel trug.«[9]

Das zweite Motiv, das Flaubert inspirierte, ist die Darstellung der Salome. Über dem Tympanon des linken Portals der Westfassade der Kathedrale befindet sich ein Bas-Relief mit verschiedenen Szenen aus dem Leben Johannes des Täufers. Salome tanzt mit dem Kopf nach unten auf den Händen. Die in dieser merkwürdigen Stellung tanzende Salome taucht in Flauberts Erzählung *Herodias* auf. Sowohl auf dem Relief als auch in Flauberts Erzählung nimmt sie eine Haltung ein, die der menschlichen Anatomie eigentlich widerspricht: Kopf und Rücken bilden einen rechten Winkel. Salome ertanzt sich den Kopf von Johannes. Diese Szene bei Flaubert ist von so einzigartiger Intensität, daß man sie vor sich sieht.

»Dann war es Liebesraserei, die nach Erfüllung lechzte. Sie tanzte wie indische Priesterinnen, wie die Nubierinnen vom Nil, wie die Bacchantinnen Lydiens. Sie warf sich nach allen Seiten herum wie eine vom Sturm geschüttelte Blume. Die Brillanten an ihren Ohren hüpften, der Stoff auf ihrem Rükken schillerte, ihre Arme, ihre Füße, ihr Gewand sprühten unsichtbare Funken, die die Männer entflammten. Eine Harfe erklang, und die Menge antwortete mit Jubelrufen. Mit gespreizten Beinen und durchgedrückten Knien beugte sie sich so weit vor, daß ihr Kinn den Boden berührte – und die an Enthaltsamkeit gewöhnten Nomaden, die in Aus-

schweifung erfahrenen römischen Soldaten, die geizigen Zöllner, die alten, über ihren Disputen versauerten Priester, sie alle zuckten vor Begierde mit geblähten Nüstern.
Schließlich wirbelte sie um den Tisch des Antipas (*Herodes*) herum, frenetisch wie in einem Hexentanz – und er sagte ihr mit einer in Seufzern der Wollust untergehenden Stimme: ›Komm! Komm!‹ Sie wirbelte noch immer, die Trommeln zerbarsten fast unter den Schlägen, die Menge schrie. Aber der Herrscher schrie noch lauter: ›Komm! Komm! Du sollst Kapernaum haben! Die Ebene von Tiberias! Meine Festungen! Die Hälfte meines Königreichs!‹
Sie warf sich auf die Hände, streckte die Fersen in die Luft und erklomm so, wie ein großer Käfer, das Podest, auf dem Antipas saß. Abrupt hielt sie inne.
Ihr Nacken und die Halswirbel bildeten einen rechten Winkel. Die bunten Schleier, die ihre Beine verhüllt hatten, fielen ihr über die Schultern bis fast auf den Boden und umtanzten ihr Gesicht wie ein Regenbogen. Ihre Lippen waren bemalt, ihre Brauen tiefschwarz, ihre Augen beinahe grausam, und die Tröpfchen auf ihrer Stirn schienen wie Dunst auf weißem Marmor.«[10]
Salome bekommt Johannes' Kopf, Herodes bleibt gebrochen zurück. Zwei Gesandte des Johannes treffen ein und erfahren von der Enthauptung. Sie nehmen den abgetrennten Kopf mit sich: »Da er sehr schwer war, trugen sie ihn abwechselnd.«[11]
Den Innenraum der Kathedrale von Rouen hat Flaubert – mit viel Sinn für Dramatik – zum Schauplatz der alles entscheidenden Szene in *Madame Bovary* gemacht. Die Wirkung gotischer Kathedralen auf den Eintretenden war kalkuliert: Mit ihren himmelwärts strebenden Pfeilern vermitteln sie dem Menschen den Eindruck seiner Nichtigkeit. Klein fühlt er sich unter dem hohen Himmel aus Stein. We-

sentliche Teile der Kathedrale von Rouen, wie Langschiff und Chor, waren bereits zu Beginn des 13. Jahrhunderts fertig. Nach 1270 entstanden, wie in vielen französischen Kathedralen, zwischen den Strebepfeilern des Schiffes Kapellen. Die Marienkapelle, die verlängerte Achse des Chores, ist erst 1302 gebaut worden. Berühmt und beeindruckend ist der Reichtum an Gräbern. Zwischen den Pfeilern des Chores befinden sich die Grabmäler der normannischen Herzöge, zum Beispiel das von Rollo dem Wikinger, der zum ersten Herzog der Normandie wurde. Die Gräber der Marienkapelle sind im Gegensatz zu den frühgotisch schlichten im Chorumgang schmuckvoller und prächtiger. Zwei Kardinäle von Rouen sind hier begraben, Onkel und Neffe, und zwei Gouverneure der Normandie. Einer davon, Louis de Brézé, war der Gemahl der schönen Diane de Poitier, die ihm dieses Grabmal errichtete.

Zurück zu Emma Bovary. Das enorme Kirchenschiff vor Augen, kann man sich vorstellen, wie die von ihren Gefühlen aufgewühlte Emma durch die Kathedrale läuft, hin- und hergerissen von ihrem Wunsch und ihrer Angst, Geliebte des Mannes zu werden, mit dem sie hier ein Rendezvous vereinbart hat, des jungen Léon. Am Abend zuvor in der Oper – Charles Bovary hatte seine Frau in Rouen ausgeführt, um sie von ihren dunklen Gedanken abzubringen – hatte Emma Léon wiedergesehen. Charles hatte Emma geradezu gedrängt, noch einen Tag länger in Rouen zu bleiben, während er zu seinen Patienten nach Yonville zurückkehren mußte. Emma hatte erst gezögert, dann aber eingewilligt und sich mit Léon für den nächsten Tag um elf Uhr in der Kathedrale verabredet. Léon betritt den hochheiligen, für ein galantes Rendezvous nicht eben passenden Schauplatz als erster. Warten auf Emma.

»Nun mußte sie bald kommen, reizend, erregt und stolz auf

die Blicke, die ihr folgten, in ihrem volantbesetzten Kleid, mit ihrem goldenen Lorgnon, ihren zierlichen Stiefeletten, in all der Eleganz, die er noch nie gekostet hatte, und all dem unbeschreiblich Verführerischen einer unterliegenden Tugend. Und um sie die Kirche, gleichsam ein ungeheures Boudoir.«[12]
Sie kommt, überreicht ihm ein Briefchen, kniet in einem Beichtstuhl nieder, um zu beten. Sie strebt dem Ausgang zu, als wollte sie fliehen. Ein aufdringlicher Führer, ein Schweizer, bietet seine Dienste an.
»›Gnädige Frau sind gewiß fremd hier? Wollen Sie sich die Sehenswürdigkeiten der Kirche ansehen?‹
›Aber nein!‹ rief Léon aus.
›Warum nicht?‹ erwiderte sie. Ihre wankende Tugend klammerte sich an die Madonna, an die Bildsäulen, die Grabmäler, an jeden Vorwand.
Programmgemäß führte sie der Schweizer nach dem Hauptportal zurück und zeigte ihnen mit seinem Stock einen großen Kreis von schwarzen Steinchen ohne irgendwelche Beigabe noch Inschrift.«[13]
Einen religiösen Ort zum Ausgangspunkt sinnlicher Leidenschaften zu machen heißt, das Heilige zu profanieren, das Spirituelle zu materialisieren. Verstoß gegen die religiöse Moral und die guten Sitten wird Flaubert in einem Prozeß nach der Veröffentlichung von *Madame Bovary* 1857 vorgeworfen. Es geht dabei auch um den Ehebruch, der hier in der Kathedrale beginnt. Flaubert zieht diese Episode so in die Länge, daß sie kein Ende zu nehmen scheint, daß man fast ungeduldig wird und wünscht, die beiden würden nun endlich die Kathedrale verlassen. Schließlich ist es geschafft.
»›Léon ... wirklich ... ich weiß nicht ... ob ich darf!‹
Es klang wie Koketterie. In ernstem Tone setzte sie hinzu:
›Es ist sehr unschicklich, wissen Sie das?‹

›Wieso?‹ erwiderte Léon. ›In Paris macht mans so!‹«[14]
Eine Kutsche wird gefunden, die die Liebenden aufnimmt. Der Kutscher wird zu immer neuen Zielen geschickt. Es gibt präzise Ortsangaben im Roman, aber die Topographie der Stadt hat sich inzwischen grundlegend verändert. Auf einem Stadtplan aus dem 19. Jahrhundert sind die beiden Seine-Inseln gut zu erkennen, die Brücken über die Seine und die freien, unbebauten Flächen im Süden Rouens. Ungefähr läßt sich die Route der Kutsche erahnen.
»Der Wagen fuhr weiter, rasselte den Abhang zum carrefour La Fayette hinunter und bog dann schneller werdend nach dem Bahnhof ab.
Der Wagen machte kehrt und fuhr nun, auf dem Cours angelangt, in gemächlichem Trabe zwischen den alten Ulmen hin. Der Kutscher ... lenkte sein Gefährt durch eine Seitenallee dem Seine-Ufer zu, bis an die Wiesen. Dann fuhr er lange auf dem mit Kieselsteinen bedeckten Treidelpfad am Fluß entlang, in Richtung Oyssel, jenseits der Inseln.«[15]
Um sechs Uhr am Abend ist Emma zurück in ihrem Gasthof. Sechs Stunden Kutschfahrt durch eine nicht sehr ausgedehnte Stadt! So präzise die Ortsangaben gehalten sind, so vage bleibt das, was in der Kutsche geschieht.
Zum Abschluß unseres Spaziergangs besuchen wir Flauberts Grab. Es befindet sich außerhalb des Stadtzentrums von Rouen auf dem **Cimetière Monumental**.
Der Fußweg von der Kathedrale zum Friedhof ist zu weit, man braucht ein Auto oder nimmt den Bus Linie 5. Vom Friedhof, der etwas erhöht liegt, hat man einen weiten Blick auf die Stadt. Der Haupteingang befindet sich in der avenue Olivier de Serres. Zum Grab Flauberts kommen wir über den zentralen Weg, den wir zunächst geradeaus gehen, dann biegen wir in die zweite Reihe links ein. Es ist das carré M 2, Platz 7.

Flaubert starb in Croisset, wo er zuletzt gelebt hatte. Er wurde im Familiengrab seiner Eltern beigesetzt. Als sein Vater starb, lebte die Familie noch in Rouen. Der damalige Arzt und Leiter des Krankenhauses bekam deshalb eine prächtige, einer Rouener Familie des gehobenen Bürgertums angemessene Grabstätte. Die Mutter wurde später an seiner Seite bestattet. Die Grabsteine groß, grau und stattlich. Neben beiden das kleinere Grab von Flauberts Schwester Caroline, die jung verstarb. Und Gustave? Der soziale Status des ewigen Junggesellen, der dem Schoß der Familie, oder besser: der Mutter, nicht entkam, findet kaum einen besseren Ausdruck als in diesem Grab: klein, schmal und weiß wie das eines Kindes, ähnelt es dem seiner Schwester. Gustave Flaubert: ein Außenseiter, Mutter-Sohn, ohne Vermögen und gesellschaftliches Ansehen, der »Idiot der Familie«, wie Jean-Paul Sartre ihn nannte. Gustave Flaubert: einer der bedeutendsten Schriftsteller Frankreichs.
Mit dem Besuch auf dem Friedhof ist der Flaubert-Rundgang in Rouen beendet. Zur Stärkung und zur Erholung (am besten vor dem Friedhofs-Spaziergang) sei noch ein Besuch in einem Jugendstil-Lokal, in der Brasserie Paul empfohlen, 1, place de la Cathédrale, in unmittelbarer Nähe der Kathedrale. Die Brasserie Paul wurde 1911 gegründet und kann einige Literaten und Maler zu ihren Stammgästen zählen: Guillaume Apollinaire, Marcel Duchamp und Simone de Beauvoir, die während der Jahre 1932-36 hier Lehrerin an einem Gymnasium war. In ihren Erinnerungen *In den besten Jahren* beschreibt sie die Brasserie Paul als einen Zufluchtsort:
»Ich nahm schnell Gewohnheiten an. Eine Gewohnheit ist fast eine Gesellschaft, so, wie eine Gesellschaft oft nur eine Gewohnheit ist. Ich arbeitete, ich korrigierte Hefte, ich aß in der Brasserie ›Paul‹ an der rue Grand-Pont. Das war ein

langer Schlauch mit halbblinden Spiegeln an den Wänden. Durch den Kunstlederbezug der Bänke quoll das Roßhaar. Nach hinten erweiterte sich das Lokal, Männer spielten Billard und Bridge. Die Kellner waren altmodisch schwarz gekleidet und trugen weiße Schürzen, sie waren alle sehr betagt. Es kamen wenig Gäste, weil das Essen schlecht war. Die Stille, die lässige Bedienung, das muffige gelbliche Licht gefielen mir. In der Trostlosigkeit der Provinz muß man sich etwas schaffen, das wir, in der Stierkämpfersprache, Querencia nannten: einen Ort, an dem man sich gegen alles gesichert fühlt. Diese alte schäbige Brasserie erfüllte diese Rolle.«[16]

Die Brasserie Paul ist mit der Zeit gegangen: statt Kunstleder roter Samt, die Kellner immer noch in schwarz, aber erheblich verjüngt, und das Essen von guter Qualität. Im Sommer sitzt man draußen auf dem Platz mit Blick auf die Kathedrale, und drinnen steht ein »magisches« Klavier, das wie durch Zauberhand Töne von sich gibt.

Der Pavillon-Flaubert in Croisset

Um von Rouen nach Croisset zu kommen, braucht man viel Geduld und eine gute Karte. Der Weg ist schlecht ausgeschildert, man orientiert sich am besten an der Seine. Croisset liegt etwa sieben Kilometer von Rouen entfernt am Flußufer und war im 19. Jahrhundert ein Ort der Sommerfrische für reiche Rouener. Nicht weit von der Stadt, gut zu erreichen und dennoch im Grünen mit guter Luft und Bademöglichkeit im Fluß, bot Croisset alle Annehmlichkeiten, die sich die Städter wünschten. Die Familie Flaubert verbrachte von 1822 an regelmäßig den Sommer dort. Heute ist die ganze Strecke an der Seine entlang ein Industriegebiet: Silos, Fabriken, Container, Schiffsladeplätze. In Croisset sieht man ab und zu ein altes Haus an der Straße, das der Zerstörung widerstanden hat und einen Eindruck gibt, wie es Mitte des 19. Jahrhunderts hier ausgesehen haben muß. Wenn man endlich in Croisset angekommen ist (erkennbar an einem alten Fachwerkhaus, in dem die Bar »Flaubert« untergebracht ist), sind es noch einige hundert Meter bis zu dem Garten-Pavillon, der allein vom Flaubertschen Haus übriggeblieben ist. Mitleiderregend steht er hinter einem verlassenen Werkgelände, einst eine Ölraffinerie, dann eine Papierfabrik, jetzt funktionslos.

Flauberts Gartenpavillon in Croisset

Nach dem Tod von Flauberts Vater 1846 – zwei Monate später starb auch noch seine zweiundzwanzigjährige Schwester nach der Geburt einer Tochter – mußte die Familie die Wohnung im Hôtel-Dieu verlassen, und Flaubert zog mit seiner Mutter nach Croisset.

Mit kleinen Unterbrechungen – Aufenthalte in Paris und diverse Reisen – lebte Gustave Flaubert bis zu seinem Tod 1880 in Croisset. Fast sein gesamtes Werk ist hier entstanden: *Madame Bovary*, *Die Erziehung des Herzens*, *Die Versuchung des Heiligen Antonius*, die *Drei Geschichten* und *Bouvard und Pécuchet*, sein letzter Roman, den er nicht mehr vollenden konnte.

Obwohl er es über dreißig Jahre lang bewohnte, war das Haus in Croisset nie in Flauberts Besitz. Bis zu ihrem Tod 1872 gehörte das Haus der Mutter. Sie vererbte es ihrer Enkelin Caroline, der Tochter der früh verstorbenen Schwester Flauberts, und räumte ihm, dem Sohn, ein Wohnrecht auf Lebenszeit ein, unter der Bedingung, daß er Junggeselle bliebe. Die Bedingung erfüllte er. Schon zu Flauberts Lebzeiten geriet die Nichte in finanzielle Schwierigkeiten, so daß ein Verkauf des Anwesens zu befürchten stand, was für Flaubert eine große Belastung darstellte. Zunächst konnte das Desaster noch einmal abgewendet werden, doch nach Flauberts Tod verkaufte die Nichte das Haus. Der neue Besitzer ließ es verwahrlosen und gab es dem Abriß preis.

Nur der Gartenpavillon ist erhalten, der 1904 von einer Initiative, bestehend aus Freunden und Bewunderern Flauberts, zurückgekauft und 1906 als Museum eingeweiht wurde, eine kleine, feine Gedenkstätte mit einigen persönlichen Objekten.

Wie man an der Erbschaftsgeschichte unschwer erkennt, war die Beziehung Flauberts zu seiner Mutter nicht unkompliziert. Dreißig Jahre lang bildeten sie eine Lebens- und Interessensgemeinschaft. Flaubert kümmerte sich um seine Mutter, mit deren Gesundheit es nicht zum besten stand, sie bot ihm Schutz vor weiblichen Ehegelüsten. Frauen gab es einige in Flauberts Leben, aber ein bürgerliches Leben mit Familie war für ihn als Schriftsteller nicht vorstellbar, er brauchte Einsamkeit und Ruhe zum Schreiben. Maitresse ja, Ehefrau nein. Bedrohte eine Frau dieses Arrangement, schob er die Mutter vor, die er nicht verlassen könne. Vermutlich ging das Mutter-Sohn-Verhältnis über die reine Zweckgemeinschaft hinaus. Während ihrer schmerzhaften Neuralgien pflegte er sie, ihr Tod ging ihm sehr nahe:

»Gestern früh ist meine Mutter gestorben! Morgen beerdigen wir sie. Ich bin zerbrochen von Müdigkeit und Schmerz.«[17]

Der kleine Garten, die Treppe und der schattige, baumbestandene Platz lassen die Annehmlichkeiten einer Sommerresidenz ahnen. Im Gartenpavillon hatte Flaubert ein Arbeitszimmer eingerichtet; hier schrieb er während des Sommers; hier empfing er Freunde wie die Brüder Goncourt, George Sand, Iwan Turgenjew oder Guy de Maupassant, las aus seinen Werken vor. Auch wenn der Raum heute kahler erscheint als zu Flauberts Zeiten, ist noch ein bißchen von der Atmosphäre eines Schreibzimmers zu spüren. Ein Geruch nach Feuchtigkeit und altem Papier hängt in der Luft, auch nach Tinte. Flaubert hat diesen Ort sehr gemocht.

Auf seiner Reise nach Ägypten, auf dem Nil, schreibt Flaubert im Februar 1850, an Croisset denkend, mit leichter Wehmut in sein *Reisetagebuch*:

»Weit von hier an einem sanfteren, weniger vorzeitlichen Fluß habe ich irgendwo ein weißes Haus, dessen Läden geschlossen sind, nun da ich in der Ferne weile. Im kalten Nebel erschauern die blätterlosen Pappeln, und die Eisstücke, die der Fluß mit sich führt, fahren krachend gegen die hartgefrorenen Ufer. Die Kühe überwintern im Stall; die Strohdecken liegen um die Spaliere; der Rauch des Hofes steigt langsam in den grauen Himmel. Leer liegt dort unten die lange Louis-XIV-Terrasse, auf der ich im Sommer im weißen Hausanzug herumgehe. Linden umsäumen sie. In sechs Wochen schon werden sie zu treiben beginnen. Dann sitzen alle Zweige voll roter Knospen; darauf kommen die Primeln, gelb, grün, rosa, regenbogenfarbig. Das Gras der Höfe ist bunt von ihnen. Meine kleinen Primeln, verliert nicht eure Samen, damit ich euch im nächsten Frühjahr wiedersehe. Fern dort unten am Ufer des Flusses liegt der Pavillon mit der rosenbehangenen Mauer. Den schmiedeeisernen Balkon überwuchert ein Geißblattstrauch. Und in mondhellen Julinächten zieht man dort um ein Uhr morgens gern auf Aalfang aus.«[18]

Man kann sie sich vorstellen, die kleine Idylle, die Flaubert mit Worten herbeizaubert. Auch die Gemälde aus dem frühen 19. Jahrhundert, die im Pavillon hängen, zeigen Croisset als einen locus amoenus im Grünen, auf der Seine kleine Boote, Inseln, Bäume und Hügel im Hintergrund. Auf einem Bild aus dem Jahr 1874 sind dann schon erste Anzeichen der Industrialisierung zu erkennen, Schornsteine auf der anderen Seineseite, eine Entwicklung, deren Anfänge Flaubert von seinem Pavillon aus beobachten konnte.

Andere Bilder zeigen Porträts von Flaubert, von der Familie und von Freunden. In der Mitte des Zimmers der Schreibtisch, der Sessel, die Pfeifen, die er rauchte, das Glas, aus dem er den letzten Tropfen trank, das letzte Taschentuch. Flaubert starb bei den Arbeiten zu seinem letzten Roman *Bouvard und Pécuchet*, die Feder in der Hand haltend, an einem Hirnschlag.

In einer Vitrine ist das Tintenfaß in Form einer Kröte ausgestellt, das Flaubert zweifach anfertigen ließ – das zweite schenkte er seinem langjährigen Freund Maxime Du Camp, mit dem Gedanken, daß die Schrift beider gespeist würde aus dem gleichen Tinten-Grund. Die Freundschaft ging zu Ende, das Tintenfaß ist geblieben. Zu sehen sind auch seine Schreibfedern, Gänsefedern, auf deren Auswahl und Schnitt er viel Wert legte. Metallfedern, die es bereits seit etwa 1830 gab, mochte er für seine literarischen Werke nicht benutzen. Er betrachtete sie als Instrumente für eine Art »industrialisierte« Literatur, für Zeitungstexte zum Beispiel, zum täglichen Gebrauch. Einige der Briefe, die in Croisset in den Vitrinen ausgestellt sind, sind mit einer Metallfeder geschrieben. Die Schrift wirkt feiner als mit einer Gänsefeder und ist schlechter lesbar. Einen Brief hat Flaubert abgebrochen mit dem Hinweis, er könne mit der Metallfeder nicht mehr schreiben.

Ein vergoldeter Buddha erinnert an Flauberts Einstellung zur Religion. Ohne Buddhist zu sein, war er dem Buddhismus als Philosophie zugetan. Er hielt den Buddhismus für

die einzige Religion, die keine Angst verbreitet, eine Religion ohne Institutionen, ohne Klerus.
Und nicht zu vergessen der Papagei Nummer zwei. Zierlicher als der im Museum in Rouen? Vielleicht nur eine Täuschung. Man müßte sie nebeneinander sehen.
Wir stehen im Schatten der Bäume in dem kleinen Gärtchen, das geblieben ist, blicken auf die Seine und lesen Maupassants Erinnerungen an dieses Haus, die er zehn Jahre nach dem Tod seines Freundes aufgezeichnet hat:
»Von Flauberts Arbeitszimmer aus gesehen schienen die großen Schiffe, wenn sie langsam zur Stadt geschleppt wurden, durch den Garten zu fahren. Das Gesicht an die Scheiben gedrückt, schaute er ihnen nach, dann kehrte er zurück zu seinem Schreibtisch, nahm aus seiner großen orientalischen Schale eine der hundert Gänsefedern, die dort ruhten, und machte sich, laut seine Prosa deklamierend, wieder ans Schreiben. Er blieb jede Nacht so lange wach, daß seine Lampe den Flußschiffern als Leuchtturm diente. Zwei Fenster seines Arbeitszimmers voller Bücher und Reiseandenken gingen zum Garten hinaus, dessen Wege sich den Hang hinaufzogen. Ein riesiger Tulpenbaum streichelte ihre Scheiben.«[19]

Ry

Für diesen Ausflug ins »Emma-Land« sollte man sich einen Tag Zeit nehmen, auch wenn die Orte kaum weiter als 40 Kilometer von Rouen entfernt sind. Von Rouen aus fährt man die N 31 in östliche Richtung bis Martainville-Epreville, kurz danach zweigt links die D 13 nach Ry ab.
Ob Gustave Flaubert jemals einen Fuß in das Städtchen Ry gesetzt hat, bleibt ein Geheimnis. Wahrscheinlich nicht, doch das ist nicht von Bedeutung. Für *Madame Bovary* brauchte er eine Provinzstadt, in deren Mitte sich die tragische Ge-

schichte der Emma Bovary abspielen konnte. Er brauchte eine Kulisse für Emmas Langeweile, ihre Unzufriedenheit mit der ländlichen Eintönigkeit, ihre Liebhaber, ihre Schulden und schließlich ihren Selbstmord. Als Modell nahm Flaubert einen typischen Ort in der östlichen Umgebung von Rouen, mit einer langen Dorfstraße, gesäumt von einigen Geschäften, mit einer Kirche, einem Friedhof, einem Marktplatz. Er formte ihn nach seinen (Roman)-Bedürfnissen und nannte ihn Yonville-l'Abbaye. In einem seiner Briefe erklärt Flaubert einem Freund: »Yonville existiert nicht, es ist vollkommen erfunden.«

Was Flauberts Phantasie entsprang, hat sich auf eigentümliche Weise materialisiert. Ry hat sich zu Flauberts Yonville, zum Ort der Emma Bovary erklärt und ist es im Lauf der Zeit tatsächlich geworden, ein einzigartiges Beispiel dafür, wie sich Literatur in Wirklichkeit verwandeln kann. Wenn man mit dem Romantext in den Händen durch Ry geht, glaubt man sich tatsächlich nach Yonville versetzt.

»Abtei Yonville (so genannt nach einer ehemaligen Kapuzinerabtei, von der indessen nicht einmal mehr die Ruinen stehen) ist ein Marktflecken, acht Wegstunden östlich von Rouen, zwischen der Straße von Abbeville und der von Beauvais. Der Ort liegt im Tale der Rieule, eines Nebenflüßchens der Andelle. Nahe seiner Einmündung treibt der Bach drei Mühlen. Er hat Forellen, nach denen die Dorfjungen reihenweise an den Sonntagen zu ihrer Belustigung angeln.«[20]

Eine Verbindung Flauberts zu dem Ort Ry gibt es tatsächlich. Maxime Du Camp schreibt in einem Brief an den Freund Gustave am 23. Juli 1851: »Was schreibst du? Hast du dich entschieden? Ist es immer noch Don Juan? Ist es die Geschichte der Madame Delamare, die wirklich schön ist?«[21] und erbringt damit den Nachweis, daß Flaubert von der Geschichte einer gewissen Delphine Delamare gewußt hat, der Frau des Arztes in Ry, die sich ihrer immensen Schulden wegen umgebracht hatte. Ihr Ehemann, Docteur Delamare, war ein Schüler von Flauberts Vater in Rouen gewesen. Die beiden unterhielten noch viele Jahre freundschaftliche Beziehungen. Wahrscheinlich hat diese Geschichte Flaubert zu seiner *Emma Bovary* inspiriert.

»Auf der anderen Seite der Straße beginnt der Marktplatz mit der Kirche. In dem kleinen Friedhofe um sie herum, den eine niedrige Mauer von Ellenbogenhöhe umschließt, liegt Grabplatte an Grabplatte.«[22]

Das Grab der beiden Eheleute Delamare befindet sich direkt hinter der Kirche an der Kirchenmauer. Auf dem Grabstein ist zu lesen: Delphine Delamare née Couturier 1822-1848 und Eugène Delamare, 1811-1848. Er ist im selben Jahr gestorben wie seine Frau. Dieses Schicksal erlitt auch Charles Bovary, der Emma vor Kummer sehr bald ins Grab folgte.

Der Spaziergang in Ry kann bei der Kirche beginnen. Ein paar Schritte hinab zur Straße, und wir kommen zu den Markthallen, die an ihrem Gebälk zu erkennen sind.

»Fast die Hälfte des Marktplatzes von Yonville nehmen ›die Hallen‹ ein: ein Ziegeldach auf etlichen zwanzig Holzsäulen.«[23]

Wenn sie wirklich jemals so groß waren, daß sie »die Hälfte des Platzes« einnahmen, ist von ihnen nicht mehr viel übrig. Und von einem großen Platz kann heute auch keine Rede sein. Die Rudimente einer alten Holzkonstruktion bilden eine Art Vorbau des Rathauses (mairie). Samstags findet hier der Wochenmarkt statt.

Hier sind wir gleich auf der Hauptstraße, dem Zentrum des Dorfes.
»Die Hauptstraße (die einzige) reicht einen Büchsenschuß weit und hat zu beiden Seiten ein paar Kramläden. An der Straßenbiegung ist der Ort zu Ende.«[24]
Die Geschäfte an der langen Dorfstraße haben ihre Namen werbewirksam dem Tourismus-Interesse des Ortes angepaßt: der Tabakhändler heißt »Le Flaubert«, das Geschäft, das Wolle und Garne vertreibt, schlicht »Emma«, der kleine Lebensmittelladen »Au marché d'Emma«, als hätte die Arztfrau soeben ihre Einkäufe getätigt und als könne man sie jeden Moment um die nächste Ecke biegen sehen. Ein Restaurant mit Namen »L'Hirondelle« (so hieß die Kutsche, die Emma nach Rouen brachte) fehlt auch nicht.
»Es war ein gelb lackierter Kasten auf zwei Riesenrädern, die bis an das Wagendeck hinaufreichten. Sie raubten dem Reisenden jegliche Aussicht und bespritzten ihn fortwährend. Die winzigen Scheiben in den Wagenfenstern klirrten in ihren Rahmen. Wenn man sie heraufzog, sah man, daß sie vor Staub und Straßenschmutz starrten. Der stärkste Platzregen hätte sie nicht rein gewaschen. Das Fahrzeug war mit drei Pferden bespannt: zwei Stangen- und einem Vorderpferde. Vor dem Gasthofe entstand ein kleiner Menschenauflauf. Alles redete durcheinander. Der eine fragte nach Neuigkeiten, ein anderer wollte irgendwelche Auskunft, ein dritter erwartete eine Postsendung.«[25]
Das jetzige Gebäude der Bank Crédit Agricole wird zur damaligen Postkutschenstation erklärt, der Herberge »du Lion d'Or« (Zum goldenen Löwen), wo Emma und Charles an ihrem ersten Abend mit der Kutsche eintrafen und Emma später so manches Mal ankam, wenn sie sich in Rouen mit ihrem Liebhaber Léon getroffen hatte.
Das wichtigste Gebäude des Romans, die Apotheke, soll an

der Stelle gewesen sein, wo sich heute der Kurzwarenladen befindet.

»Das Augenmerk des Fremden fällt immer zuerst auf die Apotheke des Herrn Homais, schräg gegenüber vom Gasthof ›Zum Goldenen Löwen‹. Zumal am Abend, wenn die große Lampe im Laden brennt und ihr helles, durch die bunten Flüssigkeiten in den dickbauchigen Flaschen, die das Schaufenster schmücken sollen, rot und grün gefärbtes Licht weit hinaus über das Straßenpflaster fällt, dann sieht man den Schattenriß des über sein Pult gebeugten Apothekers wie in bengalischer Beleuchtung.«[26]

Mit dem Apotheker Homais, Emma freundschaftlich verbunden und in vielem behilflich, hat sich Flaubert, was seine Haltung zur Religion betrifft, ein Alter ego geschaffen, ein weiteres neben Charles Bovary und Emma (»Madame Bovary, c'est moi«). Homais holt zu einer Rede aus, als man ihn des Atheismus bezichtigt:

»Ich habe eine Religion: meine Religion! Und die ist mehr wert als die dieser Leute mit all dem Firlefanz und Mummenschanz. Ich verehre Gott. Erst recht tue ich das. Ich glaube an eine höhere Macht, an einen Schöpfer. Sein Wesen kommt hierbei nicht in Frage. Wir Menschen sind hienieden da, damit wir unsere Pflichten als Staatsbürger und Familienväter erfüllen. Aber ich habe kein Bedürfnis, in die Kirche zu gehen, silbernes Gerät zu küssen und eine Bande von Possenreißern aus meiner Tasche zu mästen, die sich besser hegen und pflegen als ich mich selber. Gott kann man viel schöner verehren im Walde, im freien Felde oder meinetwegen nach antiker Anschauung angesichts der Gestirne am Himmel. Mein Gott ist der Gott der Philosophen und Künstler.«[27]

In der Apotheke holt sich Emma schließlich das Gift, das sie umbringen wird. Das Wort »Laboratorium«, das über einer

Glastür im Innern der Apotheke geschrieben steht, schwebt wie ein dunkles Orakel über Emmas Haupt. »Laboratorium« – das klingt nach Pech und Schwefel und läßt schon früh die Ahnung aufkommen, daß diese Geschichte kein gutes Ende nehmen wird.

Die Archive des Städtchens Ry verzeichneten im Jahr 1850 tatsächlich eine Apotheke mitsamt einem Apotheker, dem Docteur Jouanne. Der verkaufte nicht nur Arzneimittel, sondern machte sich auch um die Ausbildung der Kinder der Landbevölkerung verdient. Er ließ ein Gebäude errichten, in dem sie in Gartenarbeit, Gemüseanbau, Rinder- und Geflügelzucht, in Schmiede- und Schreinerarbeiten unterrichtet wurden. Die Fassade der alten Apotheke und ihre Inneneinrichtung sind in der »Galerie Bovary« am anderen Ende des Dorfes zu sehen.

Das ehemalige Haus der Eheleute Delamare beherbergt heute eine Notarkanzlei. Hinter dem Haus führt eine kleine Gartenpforte zu einem Weg am Fluß. Diese topographische Besonderheit weist auch das Haus der Bovarys im Roman auf. Der Hinterausgang erlaubte es Emma, unbemerkt das Haus zu verlassen und die Straßenfront zu meiden. Ohne durch den Ort gehen zu müssen, konnte sie die Amme, Mère Rollet, aufsuchen und sich heimlich mit ihrem ersten Geliebten, Rodolphe, treffen.

»Von diesem Tage an schrieben sie sich beide regelmäßig alle Abende. Emma trug ihren Brief hinten in den Garten, wo sie ihn unter einem lockeren Stein der kleinen Treppe, die zum Bach führte, verbarg. Dort holte ihn Rodolphe ab und legte einen von sich hin. Seine Briefe waren sehr kurz, worüber sie sich alle Tage beklagte.«[28]

Wenn man die langgestreckte Dorfstraße bis zum Ende geht, kommt man zur **Galerie Bovary. Das Automatenmuseum** ist in einem weißen Fachwerkhaus mit dunklen Holzbalken,

Lyons-la-Forêt

einer ehemaligen Kelterei aus dem 18. Jahrhundert, untergebracht. Hier kann man sich Roman-Szenen in bewegten Bildern ansehen. Automaten setzen die Akteure in Bewegung: Emma steigt in die Kutsche; der Apotheker Homais schlendert über die Straße; Emma wirft sich in die Arme ihres Geliebten Rodolphe. 300 solcher Miniszenen im Spielzeugformat führen durch alle wesentlichen Stationen des Romans. Wie schon erwähnt, befinden sich auch die authentische Fassade und der Tresen der alten Apotheke in Ry in dem Museum. Danach dürften alle Zweifel darüber, ob Ry das wahre Roman-Vorbild ist, ausgeräumt sein.

Lyons-la-Forêt

Wer noch Muße hat, sich in einen weiteren »Emma-Ort« zu begeben, der fährt von Ry zurück nach Martainville, die N 31 nach Château Vascœuil, biegt dort rechts ab auf die D 115, bei Le Tronquay noch einmal rechts auf die D 2 und hält in **Lyons-la-Forêt.** Der Ort ist von Ry etwa zwanzig Kilometer entfernt. Er ist schon allein sehenswert wegen des beeindruckenden Marktplatzes mit einem Hallendach aus dem 18. Jahrhundert, ein Meisterwerk der Zimmermannskunst.

Er war Kulisse für zwei Madame-Bovary-Filme. Jean Renoir drehte 1932 hier die Szene der Jahresversammlung der Landwirte, und Claude Chabrol nahm den Ort als Hintergrund für seinen 1990 gedrehten Film mit Isabelle Huppert in der Hauptrolle.

Lyons-la-Forêt hat keine so lange Straße wie Ry, wirkt dafür geschlossener. Die Häuser sind mit viel Fachwerk geschmückt. Einiges hat der Regisseur eigens für den Film konstruieren lassen, auch den kleinen Brunnen, der nach den Dreharbeiten einfach stehengelassen wurde und in den Ort paßt, als hätte er schon immer da gestanden. Und wer nun genug hat von Emma und Charles, der setzt sich in eine der Bars auf dem Platz und freut sich einfach darüber, in einem idyllischen normannischen Dorf zu sein und ein Glas Cidre zu trinken.

2. Villequier

Victor Hugo – Familienbande

Fährt man von Rouen an der Seine entlang nach Westen, kommt man – auf einer landschaftlich sehr reizvollen Strecke durch den Naturpark »Boucles de la Seine Normande« mit prächtigen Wäldern, alten Abteien und Dörfern – nach **Caudebec-en-Caux**. In dem kleinen Städtchen, dessen alte Viertel 1940 durch einen Brand zerstört wurden, ist die Kirche Notre-Dame aus dem 15. Jahrhundert wie durch ein Wunder unversehrt geblieben. Heinrich der IV. bezeichnete sie einst als die »schönste Kapelle des Königreichs«.

Empfohlen sei ein Besuch im Museum der Seine-Schiffahrt (**Musée de la Marine de Seine**). Hier wird an ein Phänomen erinnert, das heute nur noch in abgeschwächter Form auftritt: die Überflutung. Früher trat die Seine regelmäßig über die Ufer, wenn das Meer bei einer starken Flut das abfließende Seine-Wasser in die Mündung zurückdrückte. Die Regulierung der Uferregion hat dieses Naturereignis, das viele Schaulustige anzog, weitgehend beseitigt. Im Museum werden auch historische Bootsmodelle gezeigt. Man kann sich einen Eindruck verschaffen von der Seine-Navigation, die wegen gefährlicher Fallwinde vom Steilufer nicht ohne Tücken war. Und das leitet über zu unserer nächsten Station, die uns in den Nachbarort **Villequier** führt. Es wird von einem Schiffsunglück die Rede sein, das sich an einer Flußbiegung zwischen Caudebec-en-Caux und Villequier ereignet hat. Friedlich und träge fließt die Seine heute dahin und konnte doch Schiffe zum Kentern bringen.

Nach Villequier gelangt man, wenn man hinter Caudebec-en-Caux links abbiegt. In Villequier angekommen, kann man das Auto auf dem Parkplatz links am Ortseingang stehenlassen, alles ist zu Fuß zu erreichen. Das Dorf erstreckt sich zwischen einem bewaldeten Steilufer und der Seine. Die Gärten der Häuser reichen bis zum Uferweg. Unser Ziel in Villequier ist das **Musée Victor Hugo**.

Victor Hugo, der Nationaldichter der Franzosen, dem in Paris an der place des Vosges ein großes Museum gewidmet ist, hat hier in diesem kleinen Ort an der Seine eine zweite Gedenkstätte erhalten (eine dritte befindet sich auf der Kanalinsel Guernsey, wo sich Hugo während seines Exils aufgehalten hat). Eigentlich gilt das Gedenken in diesem Museum auch eher den Frauen der Familie Hugo, die alle drei auf dem Friedhof von Villequier begraben sind: seiner Frau Adèle, seiner Tochter Adèle, deren Gebeine später hierhergebracht wurden, und vor allem seiner Tochter Léopoldine, die den Sohn der Besitzer des Hauses in Villequier, Charles Vacquerie, heiratete und zusammen mit ihrem Mann bei einem Unfall in der Seine ertrank. Die Zimmer wurden zum Teil nach Beschreibungen, zum Teil nach Skizzen rekonstruiert und geben Auskunft über das Leben der Familien Hugo und Vacquerie, über das Alltagsleben in gehobenen bürgerlichen Kreisen um die Mitte des 19. Jahrhunderts.

Man geht von dem Parkplatz aus den Uferweg der Seine entlang, vorbei an einigen kleinen Landhäusern und einem Restaurant, in dem man im Sommer in einem schattigen Garten sitzen kann, bis zu dem schmiedeeisernen Gartentor mit dem Schild »Musée Victor Hugo«. Durch den gepflegten Garten mit Rosenbüschen und Bänken geht es zum Eingang des Museums, neben dem eine Sphinx regungslos auf den Fluß blickt.

Madame Adèle Hugo verbrachte 1839 mit ihren vier Kindern Adèle, Charles, François-Victor und Léopoldine auf Einladung der Familie Vacquerie erstmals den Sommer in Villequier. Die Verbindung zur Familie Vacquerie war von Victor

Hugo hergestellt worden, der Auguste Vacquerie, einen Sohn der Familie, Schriftsteller und Journalist, in Paris kennen- und schätzengelernt hatte.
In den 40er Jahren des 19. Jahrhunderts waren Reisen von Paris aufs Land noch nicht üblich und sehr beschwerlich. Die Entdeckung der Seine und der Kanalküste als Ausflugsgebiete erfolgte erst zwanzig Jahre später. Die Versorgung mit Nahrungsmitteln auf dem Land war schlecht, von Komfort konnte keine Rede sein. Die Bewohner von Villequier fristeten ein armseliges Dasein und lebten hauptsächlich vom Fischfang aus der Seine.
Als Madame Hugo in diesem Sommer ihren Besuch bei den Vacqueries ankündigte, wies Sohn Auguste seine Mutter vorher schriftlich an, Fleisch im nächstgrößeren Ort und möglichst zu Wochenbeginn zu besorgen, damit es frisch war. Er wußte, daß die Familie Hugo in Paris einen höheren Lebensstandard gewohnt war. Die Familie Vacquerie, ursprünglich Fischer, hatte es in Le Havre zu einer Reederei gebracht und war zu Geld gekommen, das es ihnen erlaubte, das Haus in Villequier zu einer Landvilla umzubauen. Man konnte den Sommer fern von der Hafenstadt in angenehmer Umgebung verbringen.
Die fünfzehnjährige Léopoldine, Lieblingstochter Hugos, schreibt aus Villequier einen Brief an ihren Vater, der an dem Familienausflug nicht teilnimmt. Er zieht es vor, mit seiner Maitresse Juliette Drouet auf Reisen zu gehen.
»Ich verspüre das Bedürfnis, dir von all den Wundern zu erzählen, die ich gesehen habe. Du, der du die Ganzheit der Dinge begreifst, wirst die Bewunderung, die ich empfinde, verstehen. Die Ufer der Seine sind so schön, wir haben uns während der Überfahrt nicht einmal gelangweilt. Wir haben nur geschaut, um nicht einen der herrlichen Ausblicke zu verpassen, so daß es uns Reisenden erschien, als hätten wir

Villequier: Haus der Familie Vacquerie, Museum Victor Hugo

nie etwas Wundervolleres gesehen. … Ich bin dir, mein lieber Vater, vom Grunde meines Herzens dankbar, weil du uns gelehrt hast, die schönen Dinge zu schätzen und zu genießen. Die Seine reicht bis an den Garten von Monsieur Vacquerie heran. Seit einigen Tagen liegen hier kleine Boote vor Anker. Morgens sehe ich von meinem Bett aus aufs Wasser. Das ist wirklich ein charmantes Haus. …
Wie glücklich ich bin, dich zum Vater zu haben! Dafür danke ich Gott von ganzem Herzen, der mir so viel Glück und Freude gibt.«[1]
Léopoldine war bezaubert von dem Ort – und von Charles, dem älteren Sohn der Vacqueries, während sie den Werbungen des jüngeren, Auguste, widerstand. In diesem Sommer begann die Liaison, die vier Jahre später zur Heirat von Léopoldine Hugo mit Charles Vacquerie führen sollte.
Victor Hugo schrieb am 31. August 1839 aus Freiburg im Breisgau an seine Frau, von der er Nachricht über den Aufenthalt in Villequier erhalten hatte:
»Sag dem geschätzten Vacquerie und seiner ganzen Familie

Dank in meinem Namen. Ich sehe, daß man euch mit Liebenswürdigkeiten überhäuft. Ich weiß euch glücklich und bin es zufrieden. Hingegen macht der Aufenthalt die Hoffnungen des armen Auguste zunichte. Das Mädchen bevorzugt, anders als erwartet, seinen älteren Bruder Charles.«[2]
Im Herbst desselben Jahres reiste Madame Hugo, wiederum auf Einladung der Familie Vacquerie, mit den Kindern nach Le Havre, wo sie alle zum ersten Mal das Meer sahen. Léopoldine war sehr beeindruckt, die kleine Adèle verängstigt. Charles und Léopoldine sahen sich wieder und verfestigten ihre Bindung.
Während Mutter Hugo die Neigungen ihrer Tochter unterstützte und eine Heirat mit Charles in Betracht zog, zeigte sich Vater Hugo nicht glücklich über die Aussicht, seine Tochter an einen Mann ohne Reputation und größere Reichtümer zu verlieren. Aber schließlich willigte er ein, die Hochzeit wurde am 15. Februar 1843 in Paris gefeiert.
Während der Messe verfaßte Hugo die berühmten Verse an seine Tochter:

»Liebe den, der dich liebt, und sei mit ihm glücklich!
Adieu! Sei sein Schatz, du, die du der unsere warst!
Geh, mein liebes Kind, von dieser Familie in die andere.
Nimm das Glück mit, uns bleibt die Leere.
Hier wirst du vermißt, dort bist du erwünscht.
Tochter, Ehefrau, Engel, Kind, verrichte deine
doppelte Aufgabe.
Laß uns die Sehnsucht, gib ihnen die Hoffnung.
Geh mit einer Träne! Beginn mit einem Lächeln!«[3]

Das Haus in Villequier blieb im Besitz der Eltern Vacquerie. Das junge Paar zog nach der Hochzeit nach Le Havre zu Charles' Schwester, verbrachte aber hier einige Wochenenden und den Sommer 1843. Mit dem Boot war das Haus schnell zu erreichen.

Im März 1843 schreibt Léopoldine aus Le Havre einen Brief an ihren Vater, der ihre Zuneigung und Verbundenheit ihm gegenüber beweist:
»Du mußt uns dieses Frühjahr besuchen kommen. Ich bitte dich so sehr und so inständig, daß du meinem Wunsch nicht widerstehen kannst. Du wirst einen schönen Ort vorfinden, das Meer, das du so sehr liebst, und dann vor allem deine beiden Kinder, die dich lieben und dich brennend herbeisehnen.«[4]
Am 9. Juli besuchte Victor Hugo seine Tochter in Le Havre. Er blieb einen Tag, um dann mit seiner Maitresse zu einer längeren Reise nach Spanien aufzubrechen. Er sollte seine Tochter nie wiedersehen.
Anfang September desselben Jahres machte sich das junge Paar auf, um zwei Tage in Villequier zu verbringen, weil Charles bei einem Notar in der Nähe, in Caudebec-en-Caux, nach dem Tod seines Vaters Erbschaftsangelegenheiten zu regeln hatte. Léopoldine zögerte bis zuletzt, ob sie mitfahren sollte oder nicht, entschied sich dann doch für die kurze Reise. Charles besaß ein kleines eigenes Segelboot, nicht besonders robust und nicht für große Wendemanöver gemacht. Sie segelten nach Caudebec und hatten am Nachmittag den Notartermin hinter sich gebracht. Nur wenige Kilometer waren es zurück nach Villequier. Mit an Bord waren Charles' Onkel und dessen kleiner Sohn. Sie hatten Caudebec verlassen, ihr Haus war schon in Sichtweite – es war an der Stelle, wo die Seine eine Kurve macht –, da erfaßte eine Windbö das Boot und brachte es zum Kentern. Léopoldine, nach der damaligen Mode bekleidet mit einem ausladenden Kleid, das das Wasser wie ein Schwamm aufsog, wurde von der schweren Last sofort auf den Grund gezogen. Alle vier Personen ertranken, auch Charles, der ein guter Schwimmer war. Léopoldine war 19 Jahre alt.

Mutter Hugo erfuhr von dem entsetzlichen Unglück am nächsten Tag in Paris von Auguste Vacquerie. Sie erlitt einen Schock. Victor Hugo war auf der Rückreise von Spanien und las in Südfrankreich vom Tod seiner Tochter in der Zeitung. Seine Maitresse Juliette Drouet vermerkt in ihrem Reisetagebuch, unter welchen Umständen Hugo von der Katastrophe Kenntnis bekam:

»Wir sehen eine Schrift mit großen Buchstaben ›Café de l'Europe‹. Wir gehen hinein. Das Café ist um diese Tageszeit verlassen. Auf einem Tisch vor uns verschiedene Zeitungen. Victor nimmt irgendeine, ich nehme den ›Charivari‹. Ich habe kaum Zeit, den Titel anzusehen, da beugt sich Victor brüsk zu mir und sagt, auf die Zeitung weisend, die er in der Hand hält, mit einer tonlosen, ersterbenden Stimme: Es ist furchtbar. Ich sehe ihn an. Gerade habe ich ihn noch glücklich lächeln sehen, da sind seine Lippen weiß und er preßt seine Hand ans Herz. Ich nehme die Zeitung, die dieses Grauen hervorgerufen hat, und lese.«[5]

Acht Tage später trifft Victor Hugo in Paris ein. Weder er noch seine Frau konnten bei der Bestattung in Villequier dabeisein. Es war Auguste Vacquerie, der sich um alles kümmerte. Das Paar bekam ein Grab bei den Angehörigen der Familie Vacquerie nah bei der Kirchenmauer auf der rechten Seite. Onkel und Neffe wurden daneben begraben.

Madame Hugo erholte sich von dem Schock nie wieder ganz. Sie besuchte jedes Jahr im September den Friedhof, um ihrer Tochter und ihres Schwiegersohns zu gedenken.

Victor Hugo – hatte er keine Zeit, wollte er sich der Trauer nicht aussetzen? – kam erst drei Jahre später, 1846, zum ersten Mal nach Villequier ans Grab seiner Tochter. Er faßte seine bewegten Gefühle in Verse:

»Zeit, daß ich mich niedersetze und ruhe.
Ich bin vom Schicksal vernichtet.
Von nichts andrem will ich hören
als von der Finsternis des Schlafes.
Das ehrfürchtige Kind, das Gott mir nahm,
war Stütze mir allein durch seine Liebe.
Seine Augen auf mich gerichtet zu sehen,
war das Glück meines Lebens.«[6]

und

»In Villequier
Jetzt, da Paris, sein Pflaster und sein Marmor,
sein Dunst und seine Dächer meinen Augen fern,
jetzt, da ich unter Baumkronen sitze
und der Himmel Schönheit nun gedenke,
komme ich zu dir, Herr, Vater, an den zu glauben die Pflicht gemahnt,
dir bringe ich mit befriedeter Seele
die Scherben dieses Herzens dar,
das du zerbrochen und das doch voll ist deines Ruhmes.«[7]

Victor Hugo blieb drei Tage. Unterdessen wartete fünf Kilometer entfernt die Geliebte Juliette Drouet im Hôtel du Commerce in Caudebec-en-Caux auf seine Rückkehr und schrieb ihm schon am Tag nach seiner Abfahrt einen Brief. Sie war nicht mitgefahren nach Villequier, um die Familienangelegenheiten nicht zu stören. Mit großer Sensibilität spürte sie die Brisanz der delikaten Situation:
»26. September 1846
... ich sehe immer auf die Silhouette von Villequier und habe nur deine letzten Worte von gestern im Ohr, die du sagtest, als du gingst. In meinen Gedanken lebt nur die Erinnerung an den gestrigen Tag, und meine Hoffnung richtet

sich auf morgen abend. ... in mir existiert nichts als der Wunsch und das Begehren, dich zu sehen. Ich erwarte den morgigen Tag mit Ungeduld. Dennoch werde ich vorsichtig sein, weil alle Frauen von Villequier mich angestarrt haben. Mehr als mein Glück bedeutet mir die Seelenruhe. Ich würde lieber sterben, als dir Kummer oder Ärger zu bereiten.«[8]

In Villequer unternahm Victor Hugo Spaziergänge mit Auguste Vacquerie. Am 29. September 1846, zurück in Paris, dankte er dem Freund eindringlich in einem Brief:

»Lieber Dichter,

nach den zwei Tagen im Kreis Ihrer Familie, die mich so liebevoll aufgenommen hat und die fast die meine ist, haben Sie mir gestern morgen eine wunderbare Stunde geschenkt. Dieser Stunde gedenke ich, während ich diese Zeilen schreibe.

Ich kann kaum ausdrücken, wie sehr mich die bewundernswerte Güte Ihrer Mutter berührt hat, die um vier Uhr morgens aufgestanden ist, um dem Gast den Reisesegen zu geben. In Gegenwart dieser ernsten und verehrungswürdigen Frau, die das Schicksal nicht geschont hat, fühle ich mich angerührt wie bei meiner eigenen Mutter. Das um Ihnen zu sagen, ich fühle mich als Ihr Bruder.

Legen Sie bitte meine Hochachtung, zusammen mit der Ihren, Ihrer Mutter zu Füßen. Sie muß stolz auf Sie sein. Ihre Zukunft wird sie über alle Schmerzen der Vergangenheit hinwegtrösten.

Tuus V.«[9]

Fünf Jahre später, 1851, nach dem Staatsstreich von Louis-Napoléon Bonaparte, mußte der Republikaner Victor Hugo, der gegen die Machtergreifung Widerstand leistete, aus Frankreich fliehen. Von Brüssel begab er sich ins Exil auf die englischen Kanalinseln, zuerst nach Jersey, dann nach

Guernsey. Die Freundschaft mit Auguste Vacquerie überdauerte diese Zeit, und Madame Hugo, der das Reisen gestattet war, besuchte Vacquerie in Villequier. 1865 schreibt sie von dort ihrem Mann:

»Ich schicke dir, lieber Freund, Blütenblätter vom Rosenstrauch, der das Grab unserer Didine (Léopoldine) ziert. Ich muß nicht mehr lange warten, um mit Körper und Seele mit dem lieben Kind verbunden zu sein.«[10]

Sie mußte tatsächlich nicht lange warten: 1868 starb Madame Hugo während einer Reise in Brüssel. Ihr Leichnam wurde ihrem Wunsch gemäß nach Villequier gebracht, wo sie in der Nähe ihrer Tochter ein Grab erhielt. Die Inschrift lautet schlicht: Adèle Frau von Victor Hugo.

Victor Hugo durfte sein Exil nicht verlassen und konnte auch diesem Begräbnis nicht beiwohnen. 1870 kehrte er aus dem Exil zurück, und erst elf Jahre nach dem Tod von Adèle, 1879, stand Victor Hugo zum ersten Mal am Grab seiner Frau. Er war 77 Jahre alt und hatte kurz zuvor einen Hirnschlag erlitten. Mag sein, daß er diesen Ort, der mit so vielen Verlusten für ihn verbunden war, gemieden hat. 1882 kam er ein letztes Mal nach Villequier, drei Jahre vor seinem Tod. Es war ein 14. Juli, und er erlebte und kommentierte die Festlichkeiten zum Nationalfeiertag:

»14. Juli, Sonntag, Himmel grau

Aufgestanden halb acht. Rohe Eier.

Mittagessen halb eins.

Abendkonzert. Die Blaskapelle von Caudebec. Vier Stücke, auch die Marseillese. Menschenmenge auf dem Damm. Weil

es nach der Marseillese zu regnen begann, habe ich die Musiker in den Salon gebeten und ihnen gesagt: Meine lieben Mitbürger, ich danke euch, ich danke eurer noblen Gabe und euren patriotischen Herzen. Ich bin zutiefst gerührt über diese sympathische Darbietung, und niemand von euch wird etwas Schlechtes dabei finden, wenn ich sie auf eine höhere Stufe stelle. Ihr seid wie ich Ergebene der Ehre Frankreichs und der Größe der Republik. Es lebe die Republik!
Wir haben alle auf die große Kunst und die große Republik getrunken.
Abendessen um 8 Uhr. Billard. Schlafen gegangen um halb zwölf.«[11]
Das ist das letzte Zeugnis der Anwesenheit Victor Hugos in Villequier.

Mit diesen Versen aus der Gedichtsammlung *Contemplations*, seiner Tochter Léopoldine gewidmet, hat er sich Weltruhm erschrieben:

> Demain, dès l'aube, à l'heure où blanchit la
> campagne,
> Je partirai. Vois-tu, je sais que tu m'attends.
> J'irai par la forêt, j'irai par la montagne.
> Je ne puis demeurer loin de toi plus longtemps.
>
> Je marcherai les yeux fixés sur mes pensées,
> Sans rien voir au dehors, sans entendre aucun bruit,
> Seul, inconnu, le dos courbé, les mains croisées,
> Triste, et le jour pour moi sera comme la nuit.
>
> Je ne regarderai ni l'or du soir qui tombe,
> Ni les voiles au loin descendant vers Harfleur,

Et quand j'arriverai, je mettrai sur ta tombe
Un bouquet de houx vert et de bruyère en fleur.
3 septembre 1847

Morgen, gleich in der Frühe, zur Stunde, da das Land
sich schwach erhellt,
will ich aufbrechen. Siehst du, ich weiß, daß du
mich erwartest.
Ich werde durch den Wald, werde über den Berg
gehen.
Ich kann nicht mehr länger fern von dir bleiben.

Ich werde laufen mit den Augen auf meine Gedanken
gerichtet,
ohne etwas draußen zu sehen, ohne irgendein Geräusch
zu hören,
allein, unbekannt, den Rücken gebeugt, die Hände
verschränkt,
traurig, und der Tag wird für mich sein wie die Nacht.

Ich werde weder auf das Gold des hereinbrechenden
Abends schauen
noch auf die Segel, die in der Ferne auf Harfleur
zusteuern,
und wenn ich dann angekommen bin, will ich auf
dein Grab
einen Strauß grüne Stechhülsen mit blühendem
Heidekraut stellen.
3. September 1847[12]

Wir betreten das Museum. Auf dem Rundgang erschließt sich die Familiengeschichte der Hugos anschaulich durch Dokumente und Einrichtungsgegenstände.

Der ebenerdige Eingangsraum war das Eßzimmer der Familie, daran schloß sich linker Hand der Salon an mit Möbeln und Dekors aus dem 18. Jahrhundert. Die Familie Vacquerie führte ein offenes Haus und hatte oft Freunde und Bekannte zu Gast. Die Herren begaben sich nach dem Dîner in den benachbarten Billardraum, wo geraucht, gespielt und geredet wurde. Die besagte Partie Billard, der Victor Hugo in hohem Alter an jenem 14. Juli beigewohnt hat, fand hier statt.
Eine Treppe führt nach oben in das »rosa Zimmer«, das den Kindern und Enkeln Hugos gewidmet ist. Er zeigte sich gern als guter Großpapa, zeichnete für die beiden Enkel, die Kinder seines Sohnes Charles, und demonstrierte seine Fürsorge für arme Waisenkinder.
Das »rote Zimmer« ist Madame Hugo, Adèle I., wie sie in Abgrenzung zu ihrer Tochter Adèle genannt wurde, gewidmet, rekonstruiert nach Beschreibungen in ihren Briefen. Die Zimmer wurden möglichst dunkel gehalten. Alle Möbel sind Originale aus dem Haus Vacquerie. In diesem Bett hat Adèle Hugo geschlafen, wenn sie bei den Vacqueries zu Gast war. Die zwei indianischen Figuren an den Bettpfosten sind eine typisch normannische Verzierung dieser Zeit. Die Normandie unterhielt durch Fischfang und Schiffahrt enge Verbindungen zu Amerika, und das Indianische war als Dekor in Bürgerkreisen à la mode.
Der kleine Nebenraum erinnert an Victor Hugos Maitresse, Juliette Drouet, und die außerordentliche Geschichte zweier Frauen, die es über lange Zeit geschafft haben, sich gegenseitig in ihren verschiedenen Rollen an der Seite desselben Mannes zu akzeptieren – in der Mitte des 19. Jahrhunderts, als Frauen in der Gesellschaft keine eigenständige Position, keinen Beruf (mit wenigen Ausnahmen) hatten und die Ehe eine ökonomische Absicherung bedeutete. Die Verbindung ihres Ehemanns mit Juliette Drouet wurde – im Gegensatz

zu den zahlreichen anderen, kurzen Affären – von Madame Hugo toleriert. Sie hielt fünfzig Jahre lang bis zu Juliette Drouets Tod im Jahr 1883. Adèle Hugo begnügte sich damit, Ehefrau und Mutter der Kinder des großen Schriftstellers zu sein, und überließ die Leidenschaft, das Reisen und die Sekretariatsarbeiten der Geliebten ihres Mannes. Beide Frauen einte die Bewunderung und Anerkennung des Genies, dessen Leben sie teilen durften. Sie respektierten sich gegenseitig und hielten die nötige Distanz, jede akzeptierte die gesellschaftlichen Spielregeln und wagte es nicht, in die Kreise der anderen zu treten. Je länger diese »ménage à trois« dauerte, desto mehr wuchs die Zuneigung der beiden Frauen zueinander. In einem Brief, geschrieben aus dem Exil in Guernsey, schlägt Adèle Hugo Juliette Drouet vor, sie solle das Weihnachtsfest mit ihnen verbringen. Adèles Toleranz – vielleicht war es auch die Erleichterung der geteilten Last – ging so weit, daß sie wünschte, nach ihrem Tod möge Juliette Drouet ihren Platz einnehmen, was dann tatsächlich geschah. Die ehemalige Maitresse war als Gefährtin Victor Hugos anerkannt, geheiratet hat er sie nicht.

Das »graue Zimmer« ist Léopoldine und dem Unglück auf der Seine gewidmet. Portraits zeigen die Schönheit des Mädchens, das schon dreizehnjährig sehr reif wirkt. Ausgestellt sind auch Victor Hugos Manuskripte der Léopoldine gewidmeten Verse. Vom Bett aus kann man im Liegen, wie das Mädchen es beschrieben hat, auf die Seine blicken. Sieht man von diesem Stockwerk aus dem Fenster, scheint es, als seien Ufer und Garten verschwunden und die Schiffe führen ganz nah am Haus vorbei.

Das sich anschließende kleine »blaue Zimmer« rekonstruiert den Raum des jungen Ehepaares Léopoldine und Charles in Le Havre nach einer Zeichnung, die die Mutter Hugo von dem Zimmer hat anfertigen lassen. Um sich ver-

sammelt hatte Léopoldine die Portraits ihrer Lieben: des Vaters, der Mutter, der Schwester Adèle, ihres Ehemanns und dessen Bruders.
Ihre Sehnsucht nach dem Vater hat sie sofort nach ihrer Hochzeit ein Portrait von ihm bestellen lassen, das im Mai eintrifft und für das sie sich am 12. Mai 1843 bei dem Maler bedankt:
»Danke, danke, lieber Herr Boulanger, für das Meisterwerk, das Sie mir geschickt haben. Sie haben mir die größte Freude gemacht, die ich überhaupt empfinden kann: Sie haben mir einen Abwesenden, mir so lieb und teuer, wieder nah gebracht. Das ist wirklich er auf diesem Bild, er, so sehr er.«[13]
Im »weißen Salon« werden Fotografien aus der Exilzeit in Jersey gezeigt. Victor Hugo war ein Anhänger der gerade entwickelten Technik der Fotografie. Zusammen mit Auguste Vacquerie gab er ein Buch heraus, in dem er Landschaftsfotos mit eigener Prosa, Gedichten und Texten von Auguste Vacquerie vereinte. Bei der Arbeit zu diesem Band entstanden auch zahlreiche Familienfotos.
In dem sich anschließenden kleinen Raum ist das Ende Victor Hugos 1885 dokumentiert. Sein Wunsch nach einem einfachen Begräbnis erfüllte sich nicht. Eine riesige Menschenmenge folgte dem Sarg in Paris. Kaum je zuvor und danach ist einem Schriftsteller so viel Aufmerksamkeit der Öffentlichkeit zuteil geworden.
Wir verlassen das Musée Victor Hugo und verweilen noch ein wenig auf einer Bank im Museumsgarten, bevor wir durch die engen Gassen in Richtung Kirche gehen. Die Straße steigt ein wenig an. Der Friedhof mit den Gräbern der Familie Vacquerie und denen von Hugos Töchtern Léopoldine und Adèle sowie seiner Ehefrau Adèle befindet sich neben der Kirche rechts. Ein Schild weist darauf hin. Es sind schlichte graue Grabsteine, die nach oben spitz zulaufen.

Juliette Drouet fehlt im Kreis der Hugo-Frauen. Sie wurde in Paris Vincenne auf dem Cimetière Saint-Mandé neben ihrer Tochter begraben.
Ein Spaziergang an der Seine schließt den Besuch in Villequier ab. Schmutzig-braun fließt sie träge dahin, schwappt ans Ufer, vorbeifahrende Schiffe pflügen das Wasser zu kleinen Wellen, und manchmal schüttelt eine Bö die Bäume und Sträucher am Ufer.

3. Fécamp

Guy de Maupassant – die »Hafenratte«

»Ich bin am Ufer des Meeres aufgewachsen, des grauen und kalten Nordmeeres, in einem kleinen Fischerort, wo immer Wind war, Regen und Gischt, und immer der Geruch von Fisch, von frischem Fisch, der auf die Kais geworfen wurde, so daß das Straßenpflaster von seinen Schuppen glänzte, und von gesalzenem Fisch, der in Fässern gerollt wurde, und von Trockenfisch, der geräuchert wurde in braunen Häusern mit Kaminen aus Ziegelsteinen, von wo aus der Rauch einen starken Heringsgeruch weit ins Land trug. Ich erinnere mich auch an den Geruch der Filets, die an den Türen zum Trocknen hingen, den Geruch der Salzlake, mit der man die Erde düngte, den Geruch von Seetang bei Niedrigwasser, an all diese intensiven Gerüche kleiner Häfen, streng und beißend, die aber die Brust und die Seele mit starken und guten Gefühlen erfüllen.«[1]

Wir sind in **Fécamp**, in der östlichen Normandie, oberhalb der Seinemündung. Von Villequier an der Seine erreicht man die Stadt auf Landstraßen über Lillebonne und Bolbec.

Hier hat der Schriftsteller Guy de Maupassant einen Teil seiner Kindheit verbracht, aus dieser Quelle hat er später beim Schreiben seiner Novellen und Romane geschöpft.

Fécamp wirkt nicht heiter oder anheimelnd. Die Wappentiere der Stadt müßten eigentlich der Kabeljau und der Hering sein, denn Jahrhunderte lang lebten die Bewohner vom Fischfang und von der Fischverarbeitung. Die Bevölkerung war arm und arbeitete unter härtesten Bedingungen. Um Heringe zu fangen, fuhren die Fischer bei jedem Wetter auf See, die tägliche Arbeitszeit betrug zwölf bis vierzehn Stunden. In Fécamp wurden die Fische verarbeitet, gesalzen, gekocht, getrocknet und geräuchert. Es lag immer ein Fischgeruch über der Stadt, und davon hat sich bis jetzt noch ein wenig erhalten, auch wenn der Fischfang längst passé ist. Heute werden allenfalls die letzten Heringe der Meere eingedost und tiefgefroren. Auch die einstige Armut ist in manchen Straßen mit den niedrigen, grauen Steinhäusern noch spürbar.

Das zweite bekannte, ebenfalls olfaktorisch wahrnehmbare Produkt Fécamps zeichnet sich durch Wohlgeruch aus. Es ist der Likör Bénédictine, den ein Mönch im 16. Jahrhundert aus orientalischen Gewürzen und einheimischen Kräutern destillierte. Seinen Siegeszug trat das Getränk aber erst im 19. Jahrhundert an, als der Unternehmer und Sammler Alexandre Le Grand das alte Rezept wiederentdeckte und ab 1863 den Likör in großem Umfang produzierte. Das Palais Bénédictine, das sich der wohlhabende Unternehmer 1892 bauen ließ, kann, inklusive der Destillationsanlage, besichtigt werden.

Fécamp hat kein so ausgeprägtes Badeleben entwickelt wie die kleine Schwester Étretat, nur der Hafen ist geblieben. Anstelle der Fischerboote liegen hier heute Yachten und Motorschiffe. Auf Kabeljaufang gingen die Seeleute vor den Küsten Neufundlands, wo der Fisch eingepökelt oder getrocknet wurde. Die Männer waren zwischen Ende Februar und Ende Juli unterwegs. Sie wurden schlecht bezahlt, die Arbeit war hart, und die Gefahr des Schiffbruchs war ihr ständiger Begleiter.

Im 19. Jahrhundert herrschte kein Mangel an Fisch. Die Netze waren immer voll. Auch die Fischer, die an der heimischen Küste täglich ausfuhren, brachten reichlich Beute nach Hause.

»Ihr Mann warf einen zufriedenen Blick auf den Korb, wo die von den Männern gefangenen Fische sich noch etwas

bewegten, mit den schleimigen Schuppen raschelnd und mit den Flossen plätschernd; man ahnte ihr ohnmächtiges Mühen, ihr fast lautloses Emporbäumen in der tödlichen Luft.
Vater Roland nahm den Korb zwischen seine Knie, senkte ihn etwas, ließ bis an den Rand das silberglänzende Gewimmel der Tiere herangleiten, um in die Tiefe, die untere Lage der Fische sehen zu können, deren Todeskampf jetzt lebhafter wurde; ein starker Geruch ihrer Leiber, der gesunde Brodem des Meeres, erhob sich aus dem Grunde des gefüllten Korbes. Der alte Angler sog ihn tief ein, als wär's der Duft von Rosen.«[2]
Guy de Maupassant wurde am 5. August 1850 auf dem Schloß Miromesnil in der Nähe von Dieppe geboren. Sein Leben gibt den Biographen heute noch Rätsel auf, selbst der Ort seiner Geburt galt lange Zeit als nicht gesichert. Guys Mutter, die nach Höherem strebte, war mit dem bürgerlichen Namen des Vaters, der Gustave Maupassant hieß, nicht zufrieden. Mindestens ein kleiner Adelstitel mußte her, ein »de«, und das Kind sollte auf einem Schloß zur Welt kommen. Das Ehepaar mietete also Miromesnil, dessen Baubeginn ins 16. Jahrhundert zurückreicht. Als der Sohn heranwuchs, stellte sich heraus, daß er sich, zum Kummer der Mutter, aus dem Adelstitel nicht viel machte und auch unbeeindruckt war von den Wünschen der Mutter, ihm eine adlige Erziehung angedeihen zu lassen. Die Familie verließ das Schloß nach knapp drei Jahren und mietete eine bescheidenere Unterkunft in der Nähe von Fécamp. In Fécamp lebte Guy de Maupassants Großmutter, allein nach dem Tod ihres Mannes.
Die Ehe der Eltern geriet in eine Krise. Der Vater zog nach Paris, für kurze Zeit begleitete ihn die Mutter, dann trennten sich die Eheleute. 1859 zog die Mutter mit Guy und sei-

nem Bruder Hervé nach Étretat. Der Junge kam oft – trotz der Furcht der Mutter, er könne im Hafen in schlechte Gesellschaft geraten – in den Ferien nach Fécamp, um seine Großmutter zu besuchen. »Rat du port«, »Hafenratte« nannte ihn die Großmutter, weil er sich, süchtig nach den Geschichten, die ihm die Spielkameraden erzählten, im Hafen herumtrieb. Die Detailgenauigkeit seiner späteren Erzählungen rührt aus diesen Milieuschilderungen seiner Hafenfreunde her. Armut und Elend in den Wohnstuben der Fischer beschrieb der Schriftsteller Guy de Maupassant ebenso wie den Himmel und die Farben des Meeres.

»Frauen, die Sachen ausbesserten, saßen auf den Türschwellen ihrer Häuser. Die abfallende Straße mit der Gosse in der Mitte und den Kehrichthaufen vor den Türen strömte einen strengen Geruch nach Fischlake aus. Die braunen Netze, an denen hier und da leuchtende Schuppen wie kleine Silbermünzen hängengeblieben waren, trockneten an den Türen der Hütten, aus denen die Ausdünstungen vielköpfiger Familien drangen, die in einem einzigen Raum zusammengepfercht sind. Ein paar Tauben spazierten Nahrung suchend am Rande der Gosse entlang.«[3]

Unser Spaziergang durch Fécamp beginnt am Bahnhof und führt als erstes zum **Haus der Großmutter Maupassants**. Die Straße hieß früher rue Sous-le-Bois, heute **quai Guy de Maupassant**. Wir gehen ein kleines Stück in Richtung Hafen und biegen hinter dem Bahnhof rechts in die chaussée Gayant ein, überqueren die Brücke, die die Hafenbecken teilt, und halten uns auf der anderen Seite links. Das ist schon der quai Guy de Maupassant. Wir befinden uns auf der Nordseite von Fécamp.

Wir gehen den quai de Maupassant entlang – links von uns liegt der Hafen –, bis auf der rechten Straßenseite ein Gymnasium erscheint, das lycée Maritime Anita Conti. Das Haus

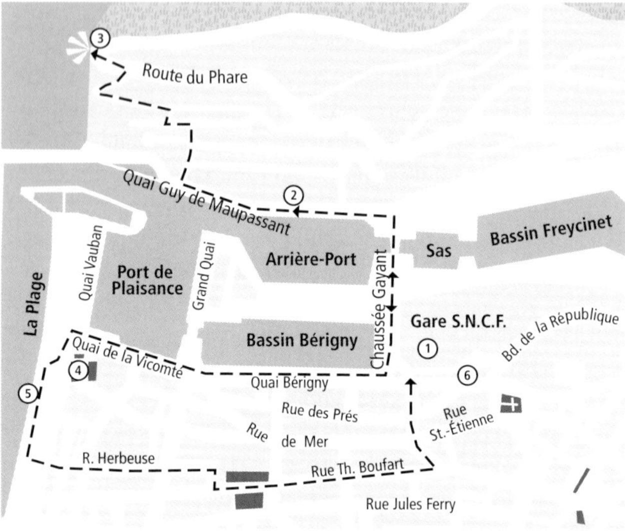

1. Bahnhof 2. Haus der Großmutter Guy de Maupassants 3. Leuchtturm 4. Museum des Fischfangs und Neufundlands 5. Strandpromenade 6. »Maison Tellier«, das Provinzbordell

von Maupassants Großmutter, das damals allein auf diesem Hügel stand, liegt oberhalb dieser Schule und dient ihr als Dokumentationszentrum, ein Haus aus grauen und schwarzen Steinen. Man kann es von außen betrachten, indem man durch den Schulhof geht und rechts eine Treppe hinaufsteigt. Wir befinden uns direkt vor dem Haus. Die Fassade ist erhalten geblieben, auch den kleinen Vorplatz, jetzt eine Rasenfläche mit einem Baum, gab es schon zu Maupassants Zeit. Damals stand hier eine Pappel, in die der Knabe geklettert ist, um auf das Meer zu sehen.

Eine Spielkameradin aus dieser Zeit war Caroline, die Nichte Gustave Flauberts, die sich auch häufig bei Maupassants Großmutter aufhielt. Flaubert pflegte mit Maupassants Onkel, später auch mit der Mutter, eine enge Freundschaft. Caroline bezeugt die Vorliebe des kleinen Guy für Meer und Seefahrt:

»Am liebsten spielte er Seefahrer, indem er eine Bank auf dem Rasen zu einem Schiff erklärte und die Bäume an beiden Enden der Bank und dahinter zu Masten, und mit fester Stimme gab er Befehle: Steuerbord, Backbord, macht die Segel los.«[4]

In einem Brief an Caroline erinnerte sich Maupassant später an die gemeinsame Jugendzeit:

»Natürlich erinnere ich mich an die Bank in Fécamp, die mein Schiff war, und an die Pappel, auf die ich kletterte. Es kommt vor, daß ich noch jetzt diesen Baum zeichne. Ich habe oft daran gedacht. Manche Bilder aus der Kindheit prägen sich besonders, mehr als alles andere, im Gedächtnis ein, und dieses Bild ist vielleicht das genaueste, das ich habe.«[5]

Guy de Maupassant war ein schwieriges Kind und als Jugendlicher geradezu störrisch. Die Sorgen der Mutter um ihren Sohn nahmen kein Ende: Er wurde der Schule verwiesen, trieb sich herum. 1866 schrieb Madame de Maupassant, als alleinerziehende Mutter mit der Erziehung des Kindes überfordert, hilfesuchend an den Freund Gustave Flaubert:

»Der arme Junge hat vieles gesehen und begriffen und ist fast zu reif für seine fünfzehn Jahre ... Gerade war ich gezwungen, ihn aus der Klosterschule in Yvetot zu nehmen, wo man mir eine von den Ärzten geforderte Befreiung vom Fasten verweigert hat; eine seltsame Art und Weise, die christliche Religion aufzufassen, mit der ich nichts anfangen kann. Mein Sohn ist gar nicht ernsthaft krank, aber er leidet an einer Nervenschwäche, die eine wirklich gute Ernährung verlangt; außerdem hat es ihm dort überhaupt nicht gefallen; die Strenge des Klosterlebens bekam seinen Nerven schlecht, und das arme Kind erstickte hinter den hohen Mauern, die nicht den geringsten Laut von außen hineindringen ließen.«[6]

Von der Klosterschule in Yvetot wurde der Sechzehnjährige auf das Gymnasium nach Le Havre gebracht. Dort hielt er es gerade zwei Wochen aus, kam wieder nach Yvetot, wurde wegen »Gottlosigkeit und verschiedener Skandale« der Schule verwiesen und verbrachte die letzten Schuljahre in Rouen auf dem lycée Corneille, wo schon Flaubert zur Schule gegangen war. Flaubert und Maupassant trafen sich zum ersten Mal 1867, da war Maupassant siebzehn Jahre alt. Die Begegnung mit Flaubert hinterließ einen tiefen Eindruck bei dem jungen Mann und veranlaßte ihn, selbst mit dem Schreiben zu beginnen. Maupassant nahm ein Jurastudium in Paris auf, wurde dann aber beim Deutsch-Französischen Krieg 1870/71 zum Militär eingezogen. Danach setzte er das Studium nicht fort, sondern erhielt, dank der Vermittlung Flauberts, einen Posten als Angestellter im Marineministerium in Paris. Die Zeit, die ihm die Büroarbeit ließ und die er neben seinen sportlichen Aktivitäten (Rudern) aufbringen konnte, widmete er dem Schreiben – und dem Amüsement.

Unter der strengen Leitung des Meisters Flaubert, dessen Autorität er uneingeschränkt anerkannte, entstanden erste Novellen. Flaubert kümmerte sich nicht nur um die schriftstellerische Bildung seines Zöglings, indem er ihm kritische, schreibtechnisch-handwerkliche Ratschläge gab, sondern empfahl dem allzu Lebenshungrigen auch, sich gelegentlich die Zügel der Genügsamkeit anzulegen. Der literarische Erfolg ließ nicht lange auf sich warten.

Gleich mit der ersten Erzählung *Boule de suif* (*Fettkloß*) gelang ihm ein spektakulärer Eintritt in die Welt der Literatur.

Die Novelle spielt in Rouen, oder vielmehr auf der Flucht aus Rouen während des Deutsch-Französischen Krieges 1870/71, als die Preußen die Stadt besetzt hatten. Maupassant beschreibt den Großmut und die Liebenswürdigkeit einer Prostituierten, die ihre Mitreisenden, respektable Bürger, vor dem Festgehaltenwerden durch die Preußen bewahrt und dafür Kälte und Hohn erntet.
Flaubert hielt diese Erzählung für ein »Meisterwerk« und ermutigte den jungen Debütanten weiterzuschreiben. Der große Erfolg dieser Novelle ermöglichte es Maupassant, die ungeliebte Arbeit im Ministerium aufzugeben und sich ganz der Schriftstellerei (und dem Vergnügen) zu verschreiben. In seinem kurzen Leben – er wurde nur 42 Jahre alt und starb an den Folgen der Syphilis – schrieb Maupassant ungefähr 300 Novellen, sechs Romane, Reiseberichte, Bühnenstücke und Essays.
Ein Motiv, das sich durch sein Werk zieht, ist die Sehnsucht nach dem Meer. Was er sein Leben lang empfand, hat er auch seinen Romanfiguren mitgegeben.
»Als sie sich zum Abendessen niedersetzte, seufzte sie: ›Ach, wie gern möchte ich das Meer sehen!‹ Es war das Meer, das ihr so fehlte, in dessen Nähe sie fünfundzwanzig Jahre gelebt hatte, das Meer mit seiner Salzluft und seinen Stürmen und seiner grollenden Stimme, seinem gewaltigen Atem, das Meer, das sie jeden Morgen von ihrem Fenster in Les Peuples gesehen, das sie Tag und Nacht eingeatmet, das sie neben sich gefühlt und das sie, ohne es zu wissen, wie einen Menschen geliebt hatte.«[7]
Die Erzählungen und Romane Guy de Maupassants sind immer Milieuschilderungen. Der Leser erfährt etwas über die Lebensbedingungen von Dienern, Priestern, von Tagelöhnern und Handwerkern, über die Berufe, die sie ausüben, über die Natur, die Region zwischen Fécamp und Le Havre,

die Steilküste bei Étretat, und immer wieder über den Fischfang und das Meer.

»Ich liebe das Meer im Dezember, wenn die Fremden fort sind; aber ich liebe es natürlich ohne Überschwang. Ich habe mich eben drei Tage in einem der Orte aufgehalten, die man Badeorte nennt. Das Dorf, vor kurzem noch so voll von Pariserinnen, so lärmend, so heiter, hat jetzt nur noch seine Fischer, die in Gruppen vorübergehen, mit schweren Schritten, in den hohen Stiefeln, den Hals mit einem Wolltuch umwickelt, in der einen Hand einen Liter Schnaps, in der anderen die Schiffslaterne.«[8]

Wir setzen unseren Spaziergang fort. Wer einen weiten Blick über das Meer bei Fécamp genießen möchte, sollte einen kleinen Abstecher zum **Leuchtturm** machen. Man geht den quai Guy de Maupassant ein kleines Stück in Richtung Meer und biegt dann rechts in ein Sträßchen ein, das hinaufführt bis zur avenue des Peupliers. Sich links haltend, stößt man auf die route du Phare, die zum Leuchtturm geht.

Folgt man der Straße noch weiter, kommt man zu der kleinen, aus grauen Steinen gebauten **Wallfahrtskirche Notre-Dame-du-Salut**. Bevor der Mont-St.-Michel diese Rolle übernahm, war Fécamp lange Zeit der wichtigste – und der erste – Wallfahrtsort der Fischer in der Normandie. Die kleine Kapelle wurde um das Jahr 1000 errichtet, als Robert I., Herzog der Normandie, aus Seenot gerettet wurde. Sie steht auf dem höchsten Felsen oberhalb des Hafens. Auf der Turmspitze steht eine vergoldete Jungfrau mit Kind, die von weit her erkennbar ist. Im Innern der Kapelle kann man maritime Votivbilder sehen und eine Erinnerungstafel an den Schiffbruch des Fischkutters »Snekkar-Artic« im Februar 1986, bei dem siebzehn Männer der Besatzung umgekommen sind, die meisten aus Fécamp. Die Toten wurden nie gefunden.

Es war das Los vieler Seeleute, daß sie verschollen blieben. In Maupassants Erzählung *Le Retour* (*Die Wiederkehr*) kehrt ein ertrunken geglaubter Seemann nach fünfzehn Jahren zurück. Seine Frau hat inzwischen wieder geheiratet. Der ärmlich aussehende, hinkende Heimkehrer streicht um das Haus herum, in dem die Frau mit ihrem zweiten Mann und den Kindern lebt.

»›Sind Sie von hier?‹

Er antwortete: ›Ja, von hier.‹

Und als er dann endlich den Kopf hob, begegneten die Augen der Frau und die seinen sich und blieben starr und vereinigt, als hätten die Blicke sich ineinander verhakt.

Und sie sagte mit veränderter, leiser, bebender Stimme: ›Bist du mein Mann?‹

Er brachte stockend hervor: ›Ja, bin ich.‹

Er rührte sich nicht, er kaute weiter sein Brot.«[9]

Die beiden rechtmäßigen Ehemänner erkennen, daß einer von ihnen zuviel ist im ehelichen Haushalt. Sie wollen den Pfarrer entscheiden lassen, was nun zu tun sei. Der Gang zur Kirche endet in der Gastschenke bei einem Glas Calvados. »Na, Martin, bist wieder da?« sagt der Wirt. Und Martin antwortet »Ja, bin ich.«

Wir gehen zurück zum Hafen, überqueren die Brücke und biegen rechts in den quai Bérigny ein, schlendern am Hafenbecken bassin Bérigny entlang und weiter am quai de la Vicomté in Richtung Strand.

An der Strandpromenade, am boulevard Albert Ier liegt das Museum **Musée des Terre-Neuvas et de la Pêche** (Museum des Fischfangs und der Küsten von Neufundland). Hier finden wir genauestens illustriert, was Maupassant in seinen Erzählungen und Romanen beschreibt: das Leben der Fischer und ihrer Familien im 19. Jahrhundert. Dokumentiert ist die Geschichte der Seefahrt und des Fischfangs aus der Blütezeit Fécamps: der Kabeljaufang an der Küste Neufundlands und der Heringsfang in heimischen Gewässern. Über 400 Jahre hatte sich der Kabeljaufang nicht verändert. Wir sehen Boote, wie sie im 19. Jahrhundert aufs Meer fuhren, den Schiffbau, die Arbeitsgeräte der Fischer und viele Bilder und Fotos. *La mauvaise nouvelle* (*Die schlechte Nachricht*), ein Gemälde von Pierre-Marie Beyle aus dem Jahr 1885, zeigt eine Gruppe Dorfbewohner, die einen toten Fischer auf einem Karren zu seinem Haus bringen. Einer von ihnen klopft an die Tür, um die nichtsahnende Frau über den Tod ihres Mannes zu informieren.

Oder das Bild *Le lever du filet* (*Das Einziehen des Netzes*), auf dem ein kleines Boot nah am Ufer auf den Wellen schaukelt und die Männer (ausnahmsweise ist hier eine Frau dabei) das Netz heraufholen.

Gefischt wurde vor allem in der Nacht. Maupassant hat be-

Pierre-Marie Beyle, *La Mauvaise Nouvelle (Die schlechte Nachricht)*, 1885

schrieben, wie die Fischer abends ihre Boote aufsuchen, um auf Fischfang zu gehen:
»Der Abend sank hernieder, und die Fischer gingen in Gruppen zu den Buhnen, kamen schwer in ihren großen Transtiefeln daher, um den Hals wollene Schals geschlungen, einen Liter Branntwein in der Hand und die Schiffslaterne in der anderen. Lange gingen sie um die schrägliegenden Fahrzeuge herum. Mit normannischer Bedächtigkeit verstauten sie Netze, Bojen, ein großes Brot, einen Topf Butter, ein Glas und die Flasche mit hochprozentigem Alkohol an Bord. Dann schoben sie das aufgerichtete Boot ins Wasser.«[10]
Nach dem Museumsbesuch verweilen wir einen Moment auf der gepflasterten **Strandpromenade**, die sich bis zum Casino erstreckt. Den Blick aufs Meer gerichtet, sehen wir auf der linken Seite der Bucht den Felsen von Étretat hervor-

ragen, rechts oben den Leuchtturm und die Kapelle Notre-Dame-du-Salut. Wenn der Himmel bedeckt ist, aber nicht vollständig, wenn die Wolken aufreißen und Sonnenbündel aufs Meer fallen, reflektiert werden und die Wolken von unten bescheinen, dann fühlt man sich in ein impressionistisches Gemälde versetzt und versteht, weshalb die Impressionisten vom Licht der Normandie angezogen waren und weshalb auch Guy de Maupassant immer wieder den normannischen Himmel mit Worten malt. Es ist der Nuancenreichtum, vom Grau über Pastell bis zum klaren Blau, es sind die gemischten Töne, die Reflexe, das gebrochene Licht.

Wir spazieren langsam zurück durch die kleinen Straßen zwischen dem boulevard Albert Ier und dem Palais Bénédictine, bis zum Bahnhof. Dort in der Nähe, unterhalb der Kirche Saint-Étienne, befindet sich das **Provinzbordell** aus Maupassants Erzählung *La Maison Tellier* (*Das Haus Tellier*), oder besser: das Haus, dem nachgesagt wird, das Bordell gewesen zu sein.

»Das Haus war gemütlich, ganz klein, gelb getüncht, und lag an einer vorspringenden Straßenecke gleich hinter der Kirche Saint-Étienne; und von den Fenstern aus sah man das Hafenbecken mit den Schiffen, deren Ladung gelöscht wurde, den großen Salzteich, der ›die Schleusenkammer‹ genannt wurde, und dahinter den Jungfrauenstrand mit der alten, grauen Kapelle.«[11]

Seit seinem siebzehnten Lebensjahr war Maupassant ein eifriger Bordellbesucher. Ob er als Jugendlicher in Fécamp einen Blick in das Etablissement geworfen hat und ob dieses Haus tatsächlich das damalige Bordell war, ist fraglich. Die Beschreibung stimmt allerdings genau.

Wir stehen vor dem Bahnhof und sehen in Richtung Kirche nach oben. Gemeint ist das gelbe Haus, in dem sich heute eine Bank befindet. Ein weiteres Indiz spricht für die Annahme, daß es sich bei diesem Gebäude um das ehemalige Bordell handelt: ein Hintereingang. Durch einen solchen gehen in der Erzählung von Maupassant die Gäste ungesehen ein und aus.

»Das Haus hatte zwei Eingänge. An der Straßenecke war eine Art Winkelcafé, das abends für Leute aus dem Volk und Matrosen seine Pforten auftat. ... Der Jupitersalon, wo die Bürgerschaft des Ortes zusammenkam, war blau tapeziert und mit einem großen Kupferstich geschmückt, der Leda mit dem Schwan darstellte. Mittels einer von einer schmalen Tür abgeschlossenen Wendeltreppe gelangte man dorthin; die Tür sah unscheinbar aus, ging auf die Straße, und über ihr brannte die ganze Nacht hindurch hinter einem Gitter eine kleine Laterne, wie sie in gewissen Städten zu Füßen der in die Mauern eingelassenen Madonnenbilder brennen.«[12]

Maupassant beschreibt die Gewohnheiten der Bordellbesucher.

»Allabendlich ging man hin, gegen elf Uhr, so wie man ins Café geht, ohne Aufhebens. Sie trafen sich zu sechsen oder achten, immer dieselben, beileibe keine leichtfertigen Brüder, sondern ehrbare Bürgersleute, Händler und junge Männer aus der Stadt; man trank seine Chartreuse, schäkerte ein bißchen mit den Mädchen oder führte eine ernsthafte Unterhaltung mit Madame, die sich allgemeiner Achtung erfreute. Dann ging man heim und legte sich schlafen, noch vor Mitternacht. Die jungen Leute blieben bisweilen da.«[13]

Maupassant bricht ein weiteres Mal eine Lanze für die Prostituierten, ihre Warmherzigkeit und Lebensfreude und tritt der öffentlichen Verurteilung dieses Berufsstands entgegen.

»Madame, die aus einer soliden Bauernfamilie des Departements Eure stammte, hatte diesen Beruf mit der gleichen Selbstverständlichkeit ergriffen, als wäre sie Modistin oder

Weißwarenhändlerin geworden. Der Makel der Ehrlosigkeit, mit dem die Prostitution in den Großstädten so voreilig und übereifrig belastet wird, existiert in den ländlichen Gebieten der Normandie nicht. Der Bauer sagt: ›Es ist ein gutes Geschäft‹; und er läßt seine Tochter einen Harem von öffentlichen Mädchen leiten, als verschaffe er ihr die Vorsteherinnenstelle eines Damenpensionats.«[14]

Ob die normannische Geschäftstüchtigkeit in ihrer Toleranz wirklich so weit ging, sei dahingestellt. In der Erzählung fährt Madame eines Samstags mit ihren Mädchen aufs Land, um der Erstkommunion ihrer Nichte beizuwohnen. Die durch diesen Betriebsausflug bedingte Schließung des Bordells wird den überraschten Stammgästen durch eine Tafel an der Tür mitgeteilt: »Geschlossen wegen Kommunion«. Am Abend, zurück in ihrem Etablissement, sind die Damen in heiterer Stimmung und feiern mit den Gästen ein großes Fest.

»Um ein Uhr erklärten die beiden verheirateten Herren, nun müßten sie nach Hause, und wollten ihre Rechnung bezahlen. Aber es wurde ihnen nur der Champagner angerechnet, und noch dazu zu sechs Franken die Flasche statt der üblichen zehn. Und als sie sich über diese Großzügigkeit wunderten, antwortete ihnen Madame und strahlte dabei: ›Man muß die Feste feiern, wie sie fallen!‹«[15]

Was heute etwas angestaubt und klischeehaft wirken mag, stellte damals die bürgerliche Welt auf den Kopf: die Honoratioren der Stadt als regelmäßige Bordellbesucher und Prostituierte, die sich durch Herzensgüte und Lebensklugheit auszeichnen. Maupassant war nicht daran gelegen, die doppelte Moral der respektablen Herren zu geißeln, sondern das, was alle selbstverständlich taten, auch als Selbstverständlichkeit anzuerkennen.

Das Genre der Milieuschilderung umfaßt bei Maupassant

nicht nur die Hütten der Fischer, sondern auch die Boudoirs der Bordelle, und in Paris, wie wir in dem Roman *Bel ami* nachlesen können, die Salons der mondänen Damen.
Wir verlassen Fécamp und nehmen die Straße nach Étretat, bleiben aber nicht auf der Hauptstraße, sondern biegen rechts ein in die D 211, die zur D 11 wird und an der Küste entlangführt. Wir fahren durch **Yport**, ein Dorf mit schiefergedeckten Häusern und einem hübschen Strand, das Guy de Maupassant als Vorbild für seinen Roman *Ein Leben* diente.

4. Étretat

Maurice Leblanc alias Arsène Lupin

»Wenn am sonnigen Strand die stürzende Welle die glatten Kieselsteine rollt, entsteht ein hübsches Geräusch, trocken wie das Reißen von Stoff, fröhlich und rhythmisch wie ein Lachen. Es läuft das ganze Ufer entlang, überschlägt sich auf der Schaumkrone, scheint zu tanzen, hält eine Sekunde inne und beginnt dann mit jedem Fluten wieder neu. Kommt es uns nicht so vor, als sei der kleine Name ›Étretat‹, nervös und hüpfend, klangvoll und heiter, geboren aus diesem Gesang der Steine?«[1]

Wir lassen uns bis Étretat von Guy de Maupassant begleiten, der diesen Küstenabschnitt so gut kannte wie kaum jemand, auch wenn er sich bei der Herleitung des Namens, so poetisch sie sein mag, irrte. Étretat kommt aus dem Skandinavischen und bedeutet soviel wie: westliche Region.

In Étretat lebte Maupassant als Kind und Jugendlicher, wenn er nicht gerade als Pensionsschüler in irgendeinem lycée untergebracht war. Die Villa, die er mit der Mutter bewohnte, hieß »Les Verguies«. Das Haus aus rötlichem Stein mit weißen Fensterläden liegt stadtauswärts an der rue de Verdun und ist in Privatbesitz.

1922 erschien eine Beschreibung in der Zeitschrift *Le Mercure de France*:

»Es war ein zweistöckiges, rustikales Haus ohne architektonische Besonderheiten, nicht weit vom Meer, an der Straße nach Fécamp. Neun Fenster hoben sich von der mit einem Balkon geschmückten Fassade ab. Die Säulen waren mit Kletterpflanzen bedeckt. Im Erdgeschoß führten drei Flügeltüren zu dem großen Garten, in dem Bergahorn, Linden und Birken emporragten aus rosa und weißen Dornsträuchern und Ilex. Im Innern boten die weitläufigen Zimmer Raum für kostbare alte Möbel, dazu Büffets aus der Abtei in Fécamp und wunderbare Fayencen aus Rouen, die mit viel Liebe von den Großeltern gesammelt worden waren.«[2]

1883 ließ sich Maupassant von dem Honorar für die Erzählung *Das Haus Tellier* eine eigene kleine Villa in Étretat bauen. Das Grundstück dafür hatte ihm die Mutter abgetreten. Nur mit Mühe konnten Freunde ihn davon abhalten, sie nach dem Bordell in seiner Erzählung zu nennen. Das hätte unerwünschte Assoziationen über den Lebenswandel geweckt, der in diesem Haus gepflegt wurde. Er stimmte schließlich dem Namen »La Guillette« zu, der weiblichen Form von Guy. Hierher zog er sich zum Schreiben zurück, wenn er der Pariser Gesellschaft überdrüssig war. Das Haus, das nur von außen zu besichtigen ist, steht in der rue Guy de Maupassant 57 am Ortsausgang in Richtung Goderville.

Damit verabschieden wir uns zunächst von Guy de Maupassant.

Unser Spaziergang in Étretat ist einem anderen Schriftsteller gewidmet, oder vielmehr dem selbsterschaffenen Doppelgänger und Alter ego dieses Schriftstellers, der ihn an Berühmtheit weit überflügelt hat. Jeder kennt den charmanten Gauner-Detektiv Arsène Lupin, aber wer kennt schon seinen Erfinder, Maurice Leblanc? Deshalb wurde das ehemalige Wohnhaus von Maurice Leblanc, das zu einem ganz besonderen Museum geworden ist, seiner Romanfigur gewidmet und nach ihr benannt: **Le Clos Arsène Lupin**.

Wir beginnen den Spaziergang (ein großer Parkplatz befindet sich hundert Meter weiter stadtauswärts an der rue Guy de Maupassant, auf der linken Seite hinter der allée des Maronniers) mit einem Besuch im Clos Lupin, einem zweistöckigen, großzügigen Herrenhaus mit Fachwerk und wildem Wein, Türmchen und Giebeln und einem gepflegten

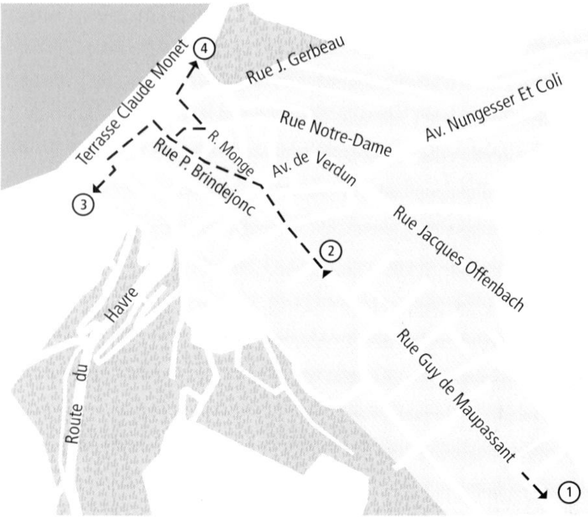

1. Villa »Guillette« von Guy de Maupassant 2. Clos Arsène Lupin, ehemaliges Wohnhaus von Maurice Leblanc 3. Treppe zur hohlen Nadel 4. Treppe zur Porte d'Amont

Garten. Kopflos und moosbewachsen wacht eine Dame auf ihrem Sockel über das Refugium. Gleich lassen wir uns von der Stimme Arsène Lupins, die uns durch die Räume geleiten wird, verzaubern. Doch bevor wir durch die Pergola ins geheimnisvolle Dunkel des Hauses treten, verweilen wir ein wenig im schattigen Garten und nähern uns dem Schriftsteller, der hier lange Zeit gewohnt hat und der gern hinter seinem Helden verschwindet.

Maurice Leblanc wurde am 11. November 1864 in Rouen geboren. Geburtshilfe leistete übrigens Flauberts Bruder Achille, der dem Vater nacheiferte und praktischer Arzt geworden war. Flaubert und Maupassant waren die literarischen Vorbilder des jungen Maurice Leblanc. Seine ersten

Werke aus den 90er Jahren des 19. Jahrhunderts lehnten sich stilistisch an die der beiden Bewunderten an. Auch im Aussehen schien er die Nähe zu suchen: Mit 20 Jahren zeigte er eine frappierende Ähnlichkeit mit Guy de Maupassant. Doch der Ruhm färbte nicht ab, seine Bücher waren nicht von Erfolg gekrönt.

Erst als 1905 Arsène Lupin das Licht der Öffentlichkeit erblickte, zunächst in einer illustrierten Zeitschrift als Fortsetzungsgeschichte, dann 1907 in Buchform unter dem Titel *Arsène Lupin, gentleman cambrioleur* (*Arsène Lupin – Der Gentleman-Gauner*), gelang der Durchbruch. Maurice Leblanc hatte mit dieser Figur einen Prototypen der Belle Époque geschaffen, einen superb gekleideten Mann mit guten Manieren, einen Verwandlungskünstler, der sich auf dem Parkett gesellschaftlicher Etikette glanzvoll bewegte, einen homme à femmes, der den Frauen den Kopf verdrehte, so daß ihre Perlenketten wie von selbst in seine Tasche wanderten. Er repräsentierte den Typus des Dandy, der zu Beginn des 20. Jahrhunderts Konjunktur hatte. Mit schwarzem Umhang, Zylinder, Monokel, weißen Handschuhen und weißer Weste glich er seinem Bruder Fantomas. Dank einer umfangreichen Ausstattung an Bärten, Perücken und Masken wechselte er sein Äußeres so schnell wie seine Identität. Auch ein wenig Robin Hood steckte in ihm, dem Unrecht gegen Schwächere wußte er entgegenzutreten.

Augenzwinkernd, charmant und intelligent plante und führte er seine Beutezüge durch und klärte dabei auch so manches Verbrechen auf, vor dem die Polizei kapitulierte.

»Es war eine bis ins kleinste gehende Studie über alle Abenteuer Lupins, in der die Arbeitsweise des bekannten Einbrechers unter einem außergewöhnlichen Glanz erschien, in der die Kunstfertigkeit seiner Handlungsweisen gezeigt wurde, seine ganz besondere Taktik, seine Briefe in den Zeitungen, seine Drohungen, die Ankündigung seiner Einbrüche, kurz, alle Listen, die er anwandte, um das erwählte Opfer zu ›schmoren‹ und es in einen derartigen Zustand zu versetzen, daß es sich dem gegen ihn angezettelten Streich geradezu darbot und sich alles sozusagen mit seiner eigenen Zustimmung abwickelte.«[3]

Sein Motto: »Alles ist leicht, wenn man liebt und gefallen möchte.«

Für seinen Lebenslauf bürgt sein Autor, was nicht ganz leicht ist bei siebenundvierzig verschiedenen Identitäten:

»Arsène Raoul Lupin ist 1874 als Sohn der Henriette d'Andrézy und des Théophraste Lupin in Blois geboren. Er hat eine umfassende Bildung: Studium der Rechtswissenschaft und Ausbildung im Kampfsport, eine natürliche Begabung für Verkleidung und Maskerade, ausgezeichnete Kenntnisse auf dem Gebiet der Kunst. Er besitzt folglich einige Meisterwerke: die Mona Lisa, die er in der ›hohlen Nadel‹ versteckt hält, einige Botticellis und Rembrandts.«[4]

Arsène Lupin wurde ein sensationeller Erfolg – für Maurice Leblanc eine Ironie des Schicksals, daß er nun mit einem Kriminalroman zum Bestsellerautor avancierte. Aber er war zufrieden und bedankte sich bei seinem Verleger Lafitte, der ihn auf den Weg zur Unterhaltungsliteratur gebracht hatte.

»Mein lieber Freund, ohne dein Engagement hätte ich diesen Weg niemals zu beschreiten gewagt. Ich habe so viel Freude und Vergnügen am Schreiben gefunden, daß es mir nur gerecht erscheint, deinen Namen als Widmung über diesen ersten Band zu setzen und dich an dieser Stelle meiner innigsten Gefühle und treuesten Dankbarkeit zu versichern.«[5]

Man bezeichnete Leblanc als Vater des modernen Kriminalromans. Aber gab es da nicht im fernen Großbritannien einen Schotten, einen gewissen Sir Arthur Conan Doyle, der ebenfalls seine Leidenschaft für dieses Genre entdeckt hatte, der ungefähr gleichen Alters war wie Maurice Leblanc und eine Figur namens Sherlock Holmes erfunden hatte? Leblanc machte sich einen Spaß daraus und ließ die beiden Meisterdetektive gegeneinander antreten, britischer Humor gegen französischen Charme. Das allerdings rief den schottischen Holmes-Erfinder auf den Plan, der sich indigniert in einem Brief an den französischen Verleger dagegen verwahrte, daß der Name seines Helden in dieser Weise mißbraucht wurde. Auch dafür fand Leblanc eine Lösung. Sein nächster Roman hieß: *Arsène Lupin gegen Herlock Sholmes*. Und fortan spielte Sholmes eine Rolle in Lupins Abenteuern und gab keine gute Figur ab. Der Streit mit dem schottischen Kollegen war jedenfalls beigelegt.

Im selben Jahr erschien auch *L'Aiguille Creuse* (*Die hohle Nadel*), der Lupin-Roman, in dem einer der Felsen von Étretat die Hauptrolle spielt. Er wird uns gleich auf dem Museumsrundgang wiederbegegnen:

»Die ›Aiguille‹ von Étretat ist hohl! ... Vierzig oder fünfzig Meter entfernt von jener eindrucksvollen Felsbrücke, die man Porte d'Aval nennt und die sich von der Höhe der Klippe herunterwölbt wie der riesige Zweig eines Baumes, um in den unterseeischen Felsen zu enden, erhebt sich ein kalksteinartiger, übergroßer Kegel, und dieser Kegel ist nur eine auf einen Hohlraum gesetzte spitze Wulsthaube.«[6]

In diesem Roman landet der Gentleman-Gangster seinen größten Coup: Er entdeckt und hortet den Schatz der Könige von Frankreich. Und wo? Natürlich in der »hohlen Nadel«.

»Sie ist das Asyl und das großartige Versteck. Alle von Jahrhundert zu Jahrhundert anwachsenden Schätze der Könige, das ganze Gold Frankreichs, alles, was man dem Volk abgenommen, alles, was man dem Klerus entrissen hat, die auf den Schlachtfeldern Europas gesammelte Beute, der ganze Reichtum wird in der königlichen Höhle gehortet. Alte Goldstücke, glänzende Taler, Dublonen, Dukaten, Gulden, Guineen und Edelsteine, Diamanten, Juwelen und Geschmeide, alles das liegt da verborgen. Wer würde es entdecken? Wer würde jemals das unlösbare Geheimnis der ›Aiguille‹ erfahren? Niemand. Doch, Lupin.«[7]

ARSÈNE LUPIN
GENTLEMAN-CAMBRIOLEUR
ILLUSTRATIONS DE GUSTAVE LEROUX
IDÉAL-BIBLIOTHÈQUE
PIERRE LAFITTE & Cie
90, AVENUE DES CHAMPS-ÉLYSÉES, 90
PARIS

Titelseite der Ausgabe Paris (Idéal-Bibliothèque Pierre Lafitte & Cie.) 1914

Von nun an bestimmte Arsène Lupin das Leben seines Meisters und Erfinders. Es gab Lupin-Theaterstücke, Hörspiele, und ab 1910 zahlreiche Verfilmungen in Frankreich, Amerika, Deutschland, England, Spanien und sogar in Japan. Die Japaner hatten ein besonderes Faible für die Figur, die sich gut als Comic umsetzen ließ. Die letzte große Filmproduktion stammt aus dem Jahr 2004 und heißt schlicht *Arsène Lupin*, eine bunte Mischung aus Historienfilm, Actionthriller und Comicelementen. Auch ins Fernsehen hat es der Gentleman-Gauner gebracht, in den 70er und 80er Jahren gab es eine Serie, die in den 90ern wiederholt wurde, und dazu noch eine Comicserie. Maurice Leblanc schrieb bis an sein Lebensende 1941 einundzwanzig Lupin-Romane.

Das Wohnhaus, in dem jetzt das Museum untergebracht ist, hat er 1918 gekauft und zwanzig Jahre lang in der Sommersaison bewohnt. Hier in seinem Arbeitszimmer im Erdgeschoß hat er die meisten der Lupin-Episoden geschrieben.

Kurz vor dem Ausbruch des Zweiten Weltkriegs, im Sommer 1939, hielt sich Maurice Leblanc zum letzten Mal in Étretat auf.

»Ein Foto zeigt ihn auf den Terrassen am Meer, den Rücken gebeugt, mit einem Spazierstock in der Hand. Es ist ein trauriger Sommer, erfüllt von Kriegsdrohungen. Das schöne Augustwetter kann die bösen Vorahnungen nicht vertreiben. Viele Sommergäste kehren vor Ende der Saison nach Paris zurück. Das Casino schließt seine Pforten Anfang September. Am 2. beschlagnahmt das Kriegsministerium die Autos und erklärt die Mobilmachung. Am 3. tritt England in den Krieg ein, dann Frankreich. Wie schon 1914 muß Maurice Leblanc seine Ferien verkürzen.«[8]

Im Oktober 1941 fuhr Maurice Leblanc mit seiner Frau zu seinem Sohn nach Perpignan, wo er im November in der Folge einer Lungenentzündung im Alter von 77 Jahren starb.

Das Haus war zwischenzeitlich nicht im Besitz der Familie Leblanc. Die Enkeltochter Florence Boespflug-Leblanc hat das Anwesen 1998 zurückgekauft und zusammen mit Architekten, Audiospezialisten, einem Komponisten und einem Regisseur zu dem zauberhaften »Clos Lupin« gemacht.

Wir sind nun gewappnet für den Eintritt ins Reich des Arsène Lupin und lassen uns mit einem Infrarot-Kopfhörer ausstatten (nur in französischer Sprache. Setzen Sie ihn auf, auch wenn Sie Französisch nicht verstehen. Sie werden einen Eindruck von der Atmosphäre bekommen und durch die Räume geleitet. Die Objekte, die Gegenstand des Hörtextes sind, werden angeleuchtet. Überlassen Sie sich dem Sprachfluß und folgen Sie einfach den Lichtzeichen auf den sieben Etappen durch das Haus). Fünfundvierzig Minuten lang werden wir durch die Szenerie der Lupin-Welt geführt. Die Stimme übrigens gehört dem Lupin-Darsteller im französischen Fernsehen, Georges Descrières.

Die Musik setzt ein, der Gast wird begrüßt und darauf vorbereitet, daß Arsène Lupin persönlich ihn durch das Haus geleiten und sein Geheimnis offenbaren wird – das Geheimnis der »hohlen Nadel«, des Felsens von Étretat. Wir treten ein ins Dunkel, ins Arbeitszimmer von Maurice Leblanc. Wir hören die Uhr schlagen und die kratzende Feder Leblancs auf dem Papier. Da ist der Schreibtisch, an dem er regelmäßig drei Seiten pro Tag schrieb, der Bücherschrank mit Portraits seiner Vorbilder Flaubert und Maupassant. An diesem Ort soll ihm des Nachts Arsène Lupin erschienen sein, der von seinen Abenteuern erzählte, und er, Leblanc, habe sie nur noch aufzuschreiben brauchen.

Ein knarrendes Geräusch, und unbemerkt ist er hereingekommen, Arsène Lupin, in einer Aufmachung, daß selbst sein Meister ihn nicht erkennt. Er wird uns nun das Haus zeigen.

»Sie haben Glück, daß Sie mich getroffen haben, Sie werden keinen besseren Führer finden. Los geht's, folgen Sie mir, verlaufen Sie sich nicht, es gibt geheime Gänge, und ... geben Sie acht auf Ihre Hosentaschen, und Sie auf Ihre Taschen, meine Damen, man weiß nie ...«

Mit sieben Jahren hat Lupin, der frühreife Junge, der Königin von Frankreich die Halskette entwendet. Und in der Rolle des ehrlichen Finders auch wieder zurückgebracht. Alle Welt feierte ihn für die Heldentat, den kleinen großen Gentleman.

Es geht in den Salon. Auf dem Piano soll Chopin für George Sand gespielt haben, die Gemälde an den Wänden sind, schenken wir Lupin Glauben, echt: Tintoretto, Rembrandt und – Leonardos Mona Lisa, das Original natürlich. Eine besonders gelungene Kopie hänge im Louvre. Und da sind auch – die Frauen, denen Lupin nie widerstehen konnte: Raymonde, Clarisse, Florence – ihre Portraits sind im anderen Teil des Salons zu sehen. Sein Umhang, sein Zylinder wie hingeworfen auf die Chaiselongue, als sei er tief in der

Nacht von einer großen Soiree heimgekehrt, die Taschen voll mit erbeuteten Perlen, Diamanten, Goldreifen. Die Damen werden jetzt zu Hause ihren Schmuck vermissen. Wann haben sie ihn verloren? Wo? Sie können sich nicht erinnern.

Wir durchqueren einen Korridor, wo das Reisegepäck Lupins in der Ecke auf die nächste Fahrt wartet. Wir steigen eine Treppe hinauf.

Das Arbeits- und Experimentierzimmer. Hier hat Lupin den chiffrierten Text zur Lösung des Rätsels der hohlen Nadel entziffert. Zehn Tage hat er dafür gebraucht, dann wußte er, wo der Schatz der Könige Frankreichs versteckt war.

Wir dringen ins Heiligste ein: ins Umkleide- und Verwandlungsboudoir des Gentleman-Gauners. Bärte, Perücken, Masken, Kostüme – ein Schnurrbart, und schon ist er ein anderer und landet in einem neuen Leben. Sein Motto: Wie langweilig, immer derselbe zu sein. Er bittet uns um Diskretion, viel hat er preisgegeben. Und er wird uns auch noch das letzte Geheimnis entdecken. Wir nähern uns. Noch ein Korridor. Vorher ein überraschendes Geständnis Lupins: Jeder giere nach dem Schatz der Könige, nach Juwelen und Gold, der wahre Schatz Frankreichs liege jedoch in der Schönheit der normannischen Landschaft: ein Apfelbaum auf einer sanft ansteigenden Wiese, die reiche Kultur der Abteien und Schlösser, das wiege alle materiellen Güter auf. Wir hören die Wellen an den Strand rollen, das Schreien der Möwen, es ist Ebbe, wir nähern uns dem Fuß der hohlen Nadel. Eine Tür geht auf. Wir setzen uns auf die Bank und sehen das Panorama der Felsen von Étretat erleuchtet vor uns und eine Liste der illustren Großen, die sich der hohlen Nadel bedient haben: Cäsar, Karl der Große, Wilhelm der Eroberer, Richard von England, Ludwig XI., Franz I., Ludwig XIV. – und Arsène Lupin. Und der Schatz? Wo ist er jetzt? Hier,

hier in diesem Haus, vor unseren Augen erscheint er. Lupin hat ihn gerettet, nicht eine Perle vom Schmuck der Königinnen Frankreichs hat er entwendet.
Nach dieser Offenbarung durchqueren wir einen weiteren Raum, der die Leidenschaft des Reisens unsres Gastgebers dokumentiert, steigen die Treppe hinab, an den Wänden die Fotos der Lupin-Darsteller im Film, und sind unten beim Ausgang angelangt. Wir gehen noch einmal durch den Garten.
Nach so viel hohler Nadel in Wort und Bild wollen wir uns den Kreidefelsen in natura ansehen und machen einen Spaziergang zur Falaise d'Aval auf der Westseite des Ortes. Wir gehen die rue Guy de Maupassant in Richtung Meer, bis sie in die rue Monge übergeht, kommen an der place du Maréchal-Foch vorbei mit den Markthallen, einer Rekonstruktion des alten Holzgebäudes, in dem heute Händler Kunsthandwerkliches feilbieten, und stoßen auf die Promenade, die am Strand entlangführt und die hier den Namen des Schöpfers von Arsène Lupin trägt: Terrasse M. Leblanc. Wir halten uns links, kommen auf die Terrasse C. Monet (der in Étretat wie seine Kollegen Boudin, Corot, Courbet und Delacroix Motive für seine Bilder fand) und auf die Terrasse C. Courbet. Von hier führt eine Treppe hinauf auf die Falaise d'Aval, den Felsen, der Victor Hugo von ferne an einen trinkenden Elefanten erinnerte. Auf gut begehbaren Spazierwegen kann man sich bis zur Spitze des Felsens vorwagen, und auf der linken Seite, der Falaise d'Aval vorgelagert, ragt die Aiguille creuse, die hohle Nadel, aus dem Meer. Die Aussicht von hier ist großartig.
»Fast auf der Höhe der Klippe erhob sich mitten im Meer ein riesiger, über achtzig Meter hoher Fels, ein mächtiger Obelisk, senkrecht auf einem massiven Granitsockel, den man in Höhe des Wasserspiegels sah und der sich dann bis

zum Gipfel zuspitzte, wie das gigantische Horn eines Seeungeheuers. Weiß wie die Klippe, von einem grauen, schmutzigen Weiß, war der erschreckende Monolith mit waagerechten Schnitten gezeichnet, die voller Geröll waren und an denen man das langsame Schichtwerk der Jahrhunderte erkannte, welche die Kalkstein- und Kieselsteindecken übereinander gelagert hatten. Stellenweise ein Spalt, eine Vertiefung und gleich darauf etwas Erde, Gras, Blätter.«[9]

Mit etwas Phantasie kann man sich vorstellen, wie Maurice Leblanc hier an dieser Stelle stand und darüber nachsann, daß dieses Naturphänomen der Zeit getrotzt, daß es all die Herrscher des Landes überdauert hatte, und wie er sich vielleicht fragte, ob nicht ein Geheimnis darin stecken könnte. Und vielleicht kam er genau an dieser Stelle auf die Idee, seinen Doppelgänger auf die Suche zu schicken.

Von diesem Felsen aus lassen sich weitere Spaziergänge – ausdehnbar zu größeren Wanderungen – auf der Steilküste unternehmen, bis zum nächsten Felsen, der Manneporte, und weiter bis zum Cap d'Antifer (siehe hierzu auch S. 89).

Wir gehen von der Falaise d'Aval wieder zurück auf die Strandpromenade. Wer die westlichen Felsen mitsamt der Aiguille von ferne betrachten möchte, geht am Strand entlang zur anderen Seite des Ortes und klettert an der östlichen Steilküste über eine Treppe auf die Falaise d'Amont.

Jacques Offenbach – Orpheus mit Villa

Am Ende des Spaziergangs soll noch auf einen Musiker aufmerksam gemacht werden, der sich gern und oft in Étretat aufhielt: Jacques Offenbach. Teile der Operette *Orpheus in der Unterwelt* soll er hier komponiert haben. Das Werk wurde ein großer Erfolg, und Offenbach ließ 1861 eine Villa in Étretat bauen, der er den Namen Orphée (Orpheus) gab. Sehr freizügige Feste sollen hier gefeiert worden sein, so daß die Stadtverwaltung sich zum Einschreiten genötigt sah. Was den Hausherrn jedoch nicht davon abhielt, das nächtliche Treiben fortzusetzen. Nach Étretat war Offenbach erstmals gekommen, um seine Tochter zu besuchen. Sie war mit dem damaligen Bürgermeister des Ortes verheiratet und lebte in dem Haus gegenüber vom Rathaus, 4 avenue de Verdun. Heute gehört das Haus dem Maler Marcel Dejours, dessen Werke gelegentlich auf Ausstellungen in Étretat zu sehen sind. Die zweistöckige Villa Orphée liegt an der rue Jacques Offenbach am Ortsausgang, wo die Landstraße in Richtung Fécamp beginnt, und ist nur von ferne zu betrachten.

Georges Simenon – Kommissar Maigret in der Normandie

Nicht unerwähnt bleiben soll Georges Simenons Roman *Maigret und die alte Dame*, in dem der Pariser Kommissar einen Fall in Étretat zu lösen hat. Das Dienstmädchen einer älteren Dame wurde vergiftet. Auf Geheiß des Ministers und in besonderer Mission wird Maigret in die Normandie geschickt – die Region fällt eigentlich nicht in seinen Zuständigkeitsbereich –, um den Mord aufzuklären.
Georges Simenon kannte die Küste der Normandie gut, 1925 hat er einen Sommer in Étretat verbracht. Verfaßt hat er den Roman erst 1949 in Kalifornien; er mußte beim Schreiben aus seiner Erinnerung schöpfen. Er kombiniert die vorhandene Topographie mit Örtlichkeiten, die seiner Phantasie entspringen, die aber für die Gegend typisch sind. Zum Beispiel werden die Steilküste mit den Felsen erwähnt, das Casino und der Kiesstrand, aber das Hotel, in dem Mai-

gret wohnt, könnte jedes beliebige kleine Hotel an der Kanalküste sein, für das schiefergedeckte Haus der alten Dame mit üppigem Garten könnte jedes zweite Haus in der Normandie stehen. Mit dieser Mischung und den Details, die fast ans Klischeehafte grenzen, wie die Trinkfestigkeit der Normannen, die Unzugänglichkeit der Fischer, erzeugt Simenon eine so dichte Atmosphäre, daß man die Feuchtigkeit des Meeres zu spüren, den Calvados zu riechen, den Blumengarten zu sehen glaubt. Kommissar Maigret wird bei diesem Fall von Kindheitserinnerungen heimgesucht. Das Meer und die nicht geteerten Straßen lassen ihn wehmütig und ein wenig melancholisch zurückblicken. Und angesichts der Lage spricht er dem Alkohol in nicht unbeträchtlicher Menge zu in Form von Cidre, Calvados, Weißwein oder Pommeau, der normannischen Spezialität aus Apfelmost und Calvados.
»Wissen Sie, seit ich in Étretat bin, trinke ich nur noch von morgens bis abends. Ihr Stiefsohn Charles kommt heute morgen und bringt mich dazu, mehrere Picon-grenadine zu trinken. Théo kommt und spendiert eine Runde. Treffe ich den Inspektor, setzen wir uns in ein Café, um zu reden. Ich komme zu Ihnen, und die Calvados-Flasche steht automatisch auf dem Tisch. Der Doktor ist ebenfalls ein gastfreundlicher Mensch. Die Trochu haben mir Apfelwein angeboten.«[10]
Die im Roman erwähnten Orte – Strandpromenade, Casino, Steilküste – kennen wir bereits. Das Étretat des Kommissar Maigret, diesen eigenen atmosphärischen Kosmos, muß man sich erlesen, am besten vor Ort, bei Nebel und Herbststürmen.
Die Zugfahrt von Paris nach Étretat, mit der der Roman beginnt, kann man heute noch fast genauso erleben (man muß allerdings nach Fécamp fahren, die Linie Paris–Étretat wurde eingestellt).

»Er stieg in Bréauté-Beuzeville mit seinem unfreundlichen Bahnhof aus dem Schnellzug Paris–Le Havre aus. Er war schon um fünf Uhr aufgestanden und hatte, da er kein Taxi bekommen hatte, mit der ersten Métro zum Bahnhof Saint-Lazare fahren müssen. Jetzt wartete er auf den Anschlußzug.

›Der Zug nach Étretat bitte?‹«

Die Viehhändler in der Kneipe gegenüber dem Bahnhof zeigen auf einen Zug ohne Lokomotive am Ende des Bahnsteigs. Maigret geht durch den Nieselregen langsam auf die Waggons zu und sieht durch die Scheiben Reisende sitzen, die so aussehen, als ob sie schon länger hier warten. Eine Familie mit drei Kindern rennt über die Gleise und stürzt kopflos auf den Zug zu. Die Kinder haben Krabbennetze in den Händen. Dieser Anblick löst bei Kommissar Maigret Kindheitserinnerungen aus, und ihm ist, als könne er das Meer riechen und das Rauschen der Wellen hören.

»Denn er war weit weg vom Meer im Landesinnern aufgewachsen, und daher verband sich mit dem Meer die Vorstellung von Krabbennetzen, einer Spielzeugeisenbahn, Männern in Flanellhosen, Sonnenschirmen am Strand, Muschel- und Andenkenverkäufern, Bistros, in denen man Weißwein trank und dazu Austern schlürfte.«[11]

Die Steilküste beim Cap d'Antifer – Guy de Maupassant

Wir kommen noch einmal auf Guy de Maupassant zurück und entdecken mit ihm einen Spazierweg, der fast in die Literatur eingegangen wäre … wenn Gustave Flaubert ihn in seinen Roman *Bouvard und Pécuchet* eingearbeitet hätte. Das hat er nicht getan, und so blieb der Vorschlag unge-

nutzt, den ihm sein Freund Guy de Maupassant in dem Brief vom 3. November 1877 ausführlich darlegte.
Flaubert hatte Maupassant als Kenner der Steilküste bei Étretat gebeten, ihm einen Weg zu schildern, den seine beiden unbedarften Helden Bouvard und Pécuchet in Unkenntnis der Gegend einschlagen könnten und auf dem es ihnen unheimlich zumute würde. Angst sollten sie beim Herumklettern in den Felsen bekommen, die zwei »Biedermänner«, die bei ihren wissenschaftlichen Experimenten keine Dummheit ausließen. So wollte es Flaubert. Und Maupassant antwortete mit einem seitenlangen Brief, dem er topographische Skizzen hinzufügte.
Tatsächlich wirken Maupassants detaillierte Beschreibungen eher abschreckend. Aber mutige Kletterer sollen nicht abgehalten werden, wenn sie das Wagnis eingehen wollen. Ansonsten sei der Briefwechsel zwischen Flaubert und Maupassant als intellektuelles Abenteuer zur Lektüre empfohlen. Mit dem Auto fährt man die D 940 in Richtung Le Havre

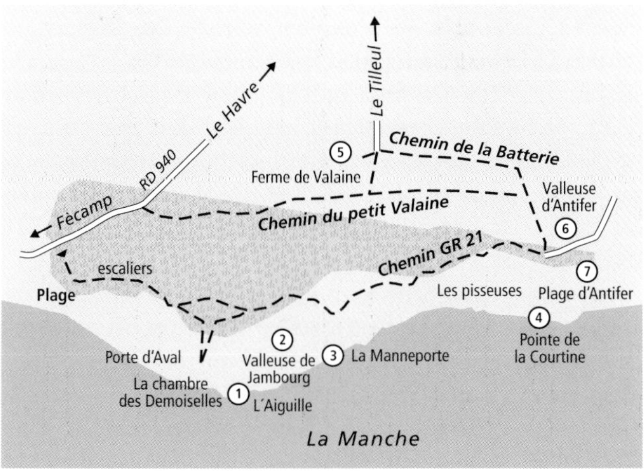

bis Le Tilleul, biegt dann in ein kleines Sträßchen rechts Richtung Cap d'Antifer ab. Ausgangspunkt der Wanderung ist der Strand von Antifer. Von Le Tilleul gelangt man dorthin durch ein kleines Tal (etwa drei Kilometer).

Und jetzt folgt der Weg nach der Beschreibung Maupassants:

»Ist man erst einmal auf dem Strand, sieht man links, Richtung Le Havre, eine hohe, senkrecht abfallende Steilküste. Rechts setzt sich der Strand ebenfalls 500 oder 600 Meter weit fort und wird abrupt begrenzt von einer großen felsigen Landzunge, die sehr weit ins Meer hinausführt und die man in einem schmalen Tunnel durchqueren kann. ... Ist man erst einmal am Fuße dieser Klippe angekommen, steigt man mit Hilfe eines Seiles hinauf zu dem Tunnel, der einen Durchgang bildet. – Der Tunnel, der an seinem Ein- und Ausgang sehr groß ist, wird zur Mitte hin, wo er kaum noch 2 Meter hoch ist, schmaler – insgesamt ist er 15 Meter lang. Auf der anderen Seite liegt der Kiesstrand viel tiefer. Um dorthin zu gelangen, folgt man rechts von dem Tunnel einem schmalen, in die senkrecht aufragenden Klippen geschlagenen Pfad. Dieser Pfad stößt auf eine Art Treppe, die einfach aus teils natürlichen, teils von den Fischern gemeißelten Vertiefungen im Felsen besteht. Man hält sich mit den Händen an den Vorsprüngen der Klippe fest und kommt wieder hinunter auf die Uferkiesel. Der Kiesstrand ist hier sehr schmal und man sieht weithin von Algen bedeckte Felsen.«[12]

An den mit Algen bedeckten Felsen sprudeln drei Süßwasserquellen aus 5-6 Meter Höhe herunter. Die letzte bildet ein kleines Gewölbe.

»Das Innere dieser Art Grotte, in die man hinabsteigen kann, ist mit rötlichem Meeresmoos ausgekleidet ... Man ist eingeschlossen in einem Amphitheater von hundert Meter senkrecht aufragender Felsen, dessen gezackte Höhe allerlei bizarre Formen und die dauernde Gefahr von Abbrüchen aufweist. Der Ort ist einsam und bedrohlich, wenn der Himmel düster ist. Man fühlt sich besonders verloren, getrennt von den anderen durch diese Mauer von Steilküste, an deren äußersten Enden das Meer brandet.«[13]

Wenn man an dem Kiesstrand weitergeht bis zur nächsten Klippe, der Manne-Porte, die ein riesiges Tor bildet, sieht man die Falaise d'Aval und die hohle Nadel, die Felsen von Étretat, und ist gerettet. Das ganze Unternehmen sollte nur bei Niedrigwasser durchgeführt werden.

Sicherer ist es, die umgekehrte Richtung zu nehmen, am Strand von Étretat bei der Falaise d'Aval zu beginnen und so weit zu gehen, wie der Wasserstand es erlaubt.

Cuverville – André Gides Grab

Etwa fünfzehn Kilometer südöstlich von Étretat entfernt Richtung Criquetot-l'Esneval liegt das Dorf Cuverville. Wer Zeit hat für einen Abstecher, kann das Grab von André Gide auf dem kleinen Friedhof besuchen, der sich bei der Kirche befindet. Gide, französischer Schriftsteller und 1947 Nobelpreisträger für Literatur, besaß in Cuverville ein Gutshaus. Das heißt, eigentlich gehörte es seiner Frau Madeleine, die es von ihrem Vater, Émile Rondeaux, 1890 geerbt hatte. Madeleine war Gides Cousine, Émile Rondeaux also sein Onkel, und Gide kannte das Gut schon von frühester Kindheit an. Seine Familie verbrachte häufig den Sommer auf dem Land bei den Verwandten. In seinem autobiographischen Werk *Stirb und werde* erinnert sich Gide an den Garten und die Spiele mit seinen Cousinen.

»Der Garten von Cuverville, in dem ich dies schreibe, hat

sich nicht sehr verändert. Vor meinen Augen liegt das von beschnittenem Taxus eingefaßte Rondell, wo wir im Sand spielten; nicht weit entfernt, in der ›Blumenallee‹, die Stelle, wo unsere kleinen Gärten angelegt gewesen waren; im Schatten einer Silberlinde das Turngerät, auf dem Emmanuèle so furchtsam, Suzanne hingegen so waghalsig gewesen ist; dann eine schattige Partie, die ›Schwarze Allee‹, wohin sich manchmal an schönen Abenden nach dem Essen mein Onkel zurückzog; an den anderen Abenden las er uns aus einem endlosen Roman von Walter Scott vor.
Die große Zeder vor dem Haus ist zu einem Riesenbaum geworden; in ihren Ästen richteten wir uns eine Unterkunft ein und verbrachten hier lange Stunden. Jeder hatte darin sein eigenes Zimmer, und wir statteten uns gegenseitig Besuche ab; von der Höhe der Äste aus angelten wir mit Schlingen und Haken nach unten; Suzanne und ich kletterten bis in den Gipfel hinauf und riefen von hier den Bewohnern der unteren Regionen zu: ›Man kann das Meer sehen! Man kann das Meer sehen!‹ – denn bei klarem Wetter konnte man tatsächlich als schmalen, silbernen Streifen die fünfzehn Kilometer entfernte See erkennen.«[14]

Nach der Heirat mit Madeleine verbrachte Gide zunächst viel Zeit auf dem Gut, bis es wegen seiner Homosexualität zum Bruch mit seiner Frau kam. Madeleine lebte bis zu ihrem Tod 1938 in Cuverville.

Das Gutshaus ist nicht zu besichtigen und wegen der hohen, es umgebenden Bäume nicht einsehbar. André Gide starb am 19. Februar 1951 in Paris, wurde aber hier in Cuverville neben seiner Frau beigesetzt. Sein Grab schmückt eine einfache Platte mit seinem Namen.

5. Honfleur

Charles Baudelaire – der Traum vom ruhigen Leben

Über die Autobahn A 29, an Le Havre vorbei und über die große Brücke, Pont de Normandie, erreichen wir **Honfleur** am westlichen Ufer der Seine-Mündung. Honfleur gilt wegen ihres geschlossenen Stadtkerns rund um das innere Hafenbecken, »**le vieux bassin**«, als die schönste der normannischen Hafenstädte. Die gut erhaltenen Fachwerkhäuser und Schindeldächer, die engen Straßen mit hübschen Geschäften und Teestuben machen sie zu einem malerischen Ort.
Wir setzen uns in eins der vielen Lokale rund um das Hafenbecken und richten von hier aus den Blick auf zwei historische Bauwerke, an denen schon die zwei Honfleurer, von denen die Rede sein soll, vorbeispaziert sind: die Lieutenance, den Sitz des einstigen Stadtkommandanten in der alten Befestigungsanlage, und, auf der anderen Seite des Hafenbekkens, St. Étienne, die älteste Kirche Honfleurs, in der sich heute das Hafenmuseum, Musée de la Marine, befindet.
Der erste »Honfleurer«, der erwähnt werden soll, ist nie wirklich einer geworden. Er wollte sich hier niederlassen und seine Ruhe finden, setzte aber den Wunsch nie in die Wirklichkeit um. Es gehörte zu seinem Traum vom Seßhaft-Werden, daß es ein Traum blieb.
Die Rede ist von Charles Baudelaire, dessen Mutter in Honfleur lebte. Baudelaires Vater starb, als er fünf Jahre alt war. Die Mutter heiratete erneut, einen General namens Aupick, der mit dem zügellosen Knaben Charles, der Schriftsteller werden wollte, seine Schwierigkeiten hatte. Sobald Charles erwachsen war, ging er auf Reisen und hielt sich von der Familie fern. 1857, nach dem Tod ihres Mannes, zog sich Madame Aupick in ihr Haus in Honfleur zurück, wo sie der

VISITEURS

Sohn gelegentlich besuchte. Wie auch die Künstler, die nach Honfleur zum Malen kamen, Impressionisten, Pointilisten, Fauvisten, wohnte er in dem kleinen Gasthaus Saint-Siméon, das damals »Chez la Mère de Toutain« hieß. Inzwischen hat sich das kleine Gasthaus zu einem Vier-Sterne-Hotel und einer Schönheitsfarm entwickelt und heißt Ferme Saint-Siméon. Es liegt in der rue Adolphe Marais, an der Ausfahrt Richtung Küstenstraße nach Trouville. Zu Fuß gelangt man dorthin, wenn man die rue des Capucins stadtauswärts und dann die Verlängerung, die rue Adolphe Marais, fast bis zu Ende geht.

Baudelaire lebte in Paris, mehr schlecht als recht. Der Dichter, der seiner Mutter bekannte: »Ich glaube, daß mein Leben von Anfang an verflucht war und daß es auf immer verflucht sein wird«, hatte ständig finanzielle Probleme. Er propagierte den Rausch als Lebensprinzip:

»Man muß immer trunken sein. Darin liegt es, das ist das

Baudelaire am Strand bei Honfleur. Zeichnung von Charles Asselineau in einem Brief an Baudelaire, Februar 1859

ganze Geheimnis. Um die gräßliche Last der Zeit nicht zu spüren, die euch die Schultern zerbricht und zur Erde euch zieht, müßt ihr euch unaufhörlich berauschen. Aber womit? Mit Wein, mit Versen oder mit Tugend? Wie es euch gefällt. Aber berauscht euch.«[1]

Er selbst berauschte sich am weiblichen Geschlecht, am Dichten und am Haschisch. Die erste Leidenschaft brachte ihm die Syphilis ein, die letzte, exzessiv praktiziert, eine Art Lähmung der Willenskraft. Er wußte um seine Situation und beschrieb sie mit selbst-sezierendem Blick. Mehrmals war er, der Anhänger der »künstlichen Paradiese«, fast daran, dieses Leben des Vagabundierens aufzugeben, aber es blieb bei der Absicht. Die Briefe an seine Mutter bezeugen das Hin und Her, das Wollen und wieder Nicht-Wollen, konkrete Pläne und konkrete Rückzüge.

Im Juli 1857 schreibt er:

»Tausendmal Verzeihung wegen der albernen Selbstgefälligkeit. Ich habe durchaus daran gedacht, nach Honfleur zu kommen, aber ich habe es nicht gewagt, mit Ihnen darüber zu reden. Ich dachte, daß ich meine Faulenzerei ein für allemal ausmerzen könnte, am Meer, durch eine ernsthafte Arbeit, weit weg von allen frivolen Verlockungen.«

Und ein paar Tage später:

»Du verstehst, daß die Reise nach Honfleur verschoben werden mußte.«

Im Dezember 1857 heißt es:

»Vorausgesetzt, daß ich, wenn ich mich ranhalte, im Januar all das fertig kriege, was ich nur in Paris machen kann, und daß ich im Februar zu Ihnen komme, um mit etwas Neuem zu beginnen, könnte ich, wenn schon nicht in Honfleur, so doch wenigstens in Le Havre einen Fechtlehrer finden?«

Im Januar 1858 bekräftigt er den Wunsch nach einer Übersiedlung:

»Ich habe, ich wiederhole es Ihnen, die feste Absicht, mich in Honfleur niederzulassen; ich hoffe, das wird Anfang Februar sein. Ende Januar werde ich beginnen, Ihnen nach und nach Pakete und Kisten zu schicken mit meinen Sachen.«

Drei Jahre ruht die Idee, dann kommt Charles Baudelaire im Januar 1861 wieder darauf zurück. Der Plan: Umzug nach Honfleur, acht Tage im Monat nach Paris, der Arbeit wegen. Im Mai desselben Jahres wird auch dieser Plan verworfen.

Im Sommer 1862 dasselbe Spiel: im Juni wird die Absicht geäußert und im September wegen unvorhersehbarer Wechselfälle aufgeschoben.

Im August 1864 äußert er die Angst, er würde Honfleur nie wiedersehen. 1865 kommt er noch einmal für ein paar Tage zu Besuch.

Im März 1866 bekennt er:

»Mein Traum vom Leben in Honfleur war mir immer der liebste meiner Träume.«[2]

Im August 1867 stirbt Charles Baudelaire, ohne diesen Traum je verwirklicht zu haben. Wahrscheinlich hätte es der leicht entflammbare, rebellische Dichter, der die »künstlichen Paradiese« der Hölle des Lebens vorzog, in der Provinz noch schwerer gehabt als in Paris. Vielleicht wußte er, daß ihm Honfleur nur aus der Ferne ein Paradies bleiben würde, unerreichbar und deshalb begehrenswert.

Erik Satie – der Mann mit den Regenschirmen

Wir verlassen Baudelaire und den Quai am Hafenbecken und beginnen mit dem Spaziergang, der zu einem in Honfleur geborenen Komponisten und frühen Multimediakünstler führt: zu Erik Satie, der seinen Geburtsort so beschrieb: »Honfleur ist eine kleine Stadt, in ihr mischen sich in komplizenhafter Einigkeit die poetischen Fluten der Seine und die stürmischen des Ärmelkanals.«[3]

Auf dem Spaziergang zu seinem Geburtshaus, **Maisons Satie**, dem Satie-Museum am boulevard Charles V, führt unser Weg vorbei an der aus dem 15./16. Jahrhundert stammenden, ganz aus Holz errichteten **Kirche Sainte-Catherine** mit dem separaten Glockenturm. Diese für die Normandie typische Bauweise findet man nur noch selten, denn die hohe Brennbarkeit des Materials hat die Gebäude häufig zu Opfern der Flammen werden lassen. In dieser Kirche ist Erik Satie 1872 im Alter von sechs Jahren katholisch getauft worden, nachdem er zuvor schon einmal anglikanisch getauft und in dieser Tradition erzogen worden war. Warum das geschah, erzählt die Familiengeschichte der Saties, die viel von der Geschichte der Normandie, von der wechselhaften Beziehung zwischen Frankreich und England widerspiegelt.

Schon im 12. Jahrhundert war Honfleur ein wichtiger militärischer Hafen und Handelsplatz für Waren aller Art aus Afrika und Amerika. Eine große Rolle spielte die geographische Nähe zu England – für die normannische Geschichte und für die Familie Satie. In seinen *Mémoires d'un amnésique* (*Memoiren eines Gedächtnislosen*) weist Erik Satie ironisch auf die normannische Tradition seiner Vorfahren hin:

»Was die Saties im Hundertjährigen Krieg (als die Norman-

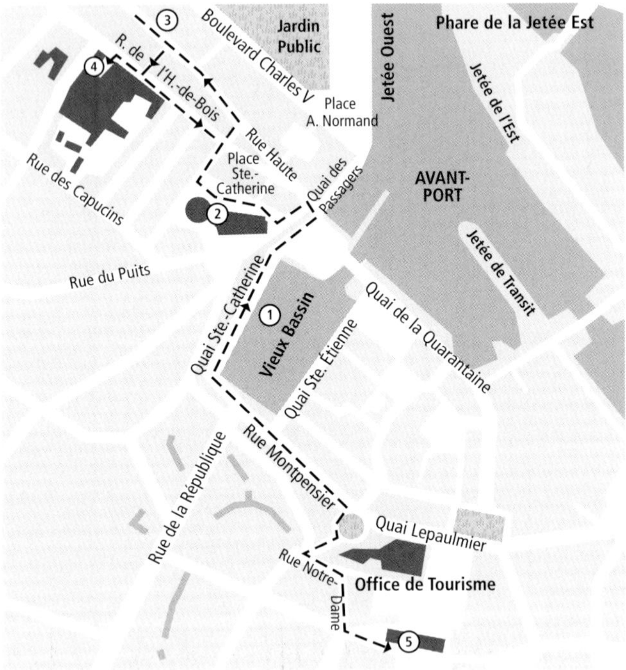

1. Altes Hafenbecken 2. Kirche Ste-Catherine 3. Maisons Erik Satie 4. Musée Eugène Boudin 5. Église St. Léonard

die mehrfach den Besitzer wechselte) gemacht haben, weiß ich nicht; ich habe auch keine näheren Angaben über ihre Beteiligung und über ihre Haltung im Dreißigjährigen Krieg (einem unserer schönsten Kriege). Friede dem Gedächtnis meiner alten Vorfahren! Nun ja ... Lassen wir das. Ich werde auf diesen Punkt zurückkommen.«[4]

Die erkennbaren Wurzeln der Familie Satie reichen bis ins 18. Jahrhundert zurück. Der Urgroßvater Eriks war Schiffskapitän in der Armee Napoleons. Der Großvater, seßhaft, aber dennoch dem Meer verbunden, blieb in Honfleur und betrieb dort ein Schiffsmakler-Büro. Sei es, daß er im späteren Alter bereute, seine Reiselust nicht ausgelebt zu haben, sei es, daß er eine anglophile Neigung verspürte, jedenfalls schickte er seine beiden Söhne für ein Jahr nach London, um sie dort Sprache und Metier lernen zu lassen. Alfred, der Vater Erik Saties, übernahm die Firma seines Vaters. In Honfleur lernte er die junge Schottin Jane Leslie Anton kennen, die der französischen Sprache wegen über den Kanal gekommen war, verliebte sich und heiratete sie. Erik Satie war also zur Hälfte Schotte und wurde deshalb auch anglikanisch getauft. 1871, nach dem Deutsch-Französischen Krieg, verkaufte der Vater die Firma und zog mit der Familie – Erik hatte inzwischen zwei Geschwister – nach Paris. Nur ein Jahr später starb die Mutter, und Erik und sein Bruder wurden vom Vater in die Obhut der Großmutter zurück nach Honfleur gebracht. Die fromme katholische Großmutter bestand auf einer katholischen Taufe, und die fand eben in der Kirche Sainte-Catherine statt.

Als Satie später alt genug war, um selbst eine Wahl zu treffen zwischen den beiden Religionen, hat er sich für eine dritte entschieden, die er eigens zu seinem persönlichen Gebrauch ins Leben rief, die »Église métropolitaine d'Art de Jésus conducteur«, was soviel heißt wie »Métropolitan-Kunst-Kirche mit dem Herrn Jesus als Zugführer«, deren Oberhaupt und einziges Mitglied er war.

In Honfleur war Erik Satie sechs Jahre lang Internatsschüler im collège de Honfleur in der rue de l'Homme de Bois, an der jetzt das Musée Eugène Boudin liegt. Auch seine musikalische Ausbildung fällt in diese Zeit, er bekam Klavierunterricht bei dem Organisten der Kirche St. Léonard, Monsieur Vinot, der auch deutsche Sprache unterrichtete, sich mit Vorliebe gregorianischen Gesängen widmete und gleichzeitig sogenannte »leichte« Musik komponierte, wie zum Beispiel den Schlittschuhläufer-Walzer, der mit großem Enthusiasmus vom Philharmonischen Orchester Honfleurs intoniert wurde. Aus diesen Musikstunden nahm Erik die Lehre mit, daß es eine friedliche Koexistenz gab zwischen der Unterhaltungsmusik und der Kirchenmusik, die man »auf Knien« hört. Später als Komponist hat er keine Mühe gehabt, die beiden Bereiche zu mischen, was bei Musikwissenschaftlern zu Kategorisierungsschwierigkeiten führte.

»Die Honfleurer sind sehr höflich und sehr nett«, charakterisierte Satie später seine Mitbürger. Besonders nett fand er als Kind seinen Onkel Adrien, genannt »Sea Bird«, den Bruder seines Vaters, das schwarze Schaf der Familie. Onkel Sea Bird besaß ein Boot, mit dem er nicht aufs Meer fuhr, in dem er einfach nur saß, sich dem von den Wellen verursachten Schaukeln hingab und seine Pfeife rauchte. In seinen Klavierstücken nimmt Satie Bezug auf ein Schiff, und der Text – er schrieb zu seinen Kompositionen Texte »à ne pas lire«, die nicht zum Lesen gedacht waren, sondern nur um den Pianisten in Stimmung zu bringen – könnte eine Beschreibung des in seinem Boot sich treiben lassenden Onkels Sea Bird sein:

»Auf ein Schiff
Sehr langsam
Im Takt der Wellen
Leichte Gischt
Noch eine
Frischer Windstoß
Schiffahrts-Schwermut
Leichte Gischt
Wieder eine
Angenehmes Schaukeln
Etwas Wellengang

Der Kapitän sagt: Sehr schöne Fahrt
Das Schiff kichert
Ein Landstrich in der Ferne
Kleine Brise
Kleiner zärtlicher Sprühregen
Schaukeln
Zum Anlegen«[5]

1878, als Erik zwölf Jahre alt war, war die Kindheit abrupt zu Ende. Seine Großmutter starb unter ungeklärten Umständen beim Baden im Meer, sein Vater holte ihn zu sich nach Paris.

»Bis zum Alter von zwölf Jahren blieb ich in diesem Ort und ging dann nach Paris, um mich dort festzusetzen ... Ich habe eine belanglose Kindheit und Jugend gehabt – ohne Ereignisse, die es wert wären, in seriösen Aufzeichnungen überliefert zu werden. Also werde ich nicht davon sprechen.«[6]

»Belanglos« – ist weniger als Abwertung gemeint, sondern als Ausdruck strengster Diskretion. Über den privaten Bereich äußerte Satie sich kaum anders als ironisch oder spielerisch-märchenhaft. Deshalb sind biographische Bekenntnisse rar. Bekannt ist, daß er bis ins Jahr 1900 regelmäßig in den Ferien nach Honfleur fuhr, zum Großvater, als der noch lebte, ab 1886 zu Freunden aus Kindheitstagen. Bei einem dieser Ferienaufenthalte im Jahr 1882 traf der damals sechzehnjährige Erik ein zwei Jahre jüngeres Mädchen, das seiner Mutter in einem Brief berichtete:

»Gestern habe ich bei Monsieur Satie [gemeint ist Eriks Großvater] zu Abend gegessen. Später haben wir ›Wolfsschwanz‹ gespielt. Am nächsten Tag, wie immer, wenn wir dieses Spiel gespielt haben, verbringe ich den ganzen Morgen damit, meine Kleider wieder zusammenzunähen. Jeder

spielt es, sogar Marguerite, sogar Erik, den man ›den Ernsten‹ nennt.«[7]
Zu dieser Zeit besuchte Erik Satie bereits das Conservatoire in Paris, das er als »Strafanstalt« empfand. Die Erinnerung an die Normandie, an Honfleur, ist in einige seiner Kompositionen eingeflossen und in seine kleinen Texte.

»Baden im Meer
Das Meer ist weit, Madame.
Jedenfalls ist es ziemlich tief.
Setzen Sie sich nicht auf den Grund.
Das ist sehr feucht.
Hier, die guten, alten Wellen,
sie sind voller Wasser.
Sie werden völlig durchnässt sein!
Ja, mein Herr.«[8]

Wir sind am **boulevard Charles V** angekommen. Es gibt einen weiteren Eingang zum Museum in der rue Haute. In dem sorgfältig restaurierten normannischen Fachwerkhaus mit rötlichen Holzverstrebungen und grünen Fensterläden erblickte Erik Satie am 17. Mai 1866 das Licht der Welt.
Mit Kopfhörern ausgestattet, begeben wir uns in die zauberhafte, verrückte Welt des unkonventionellen Komponisten, Texters und Zeichners Erik Satie, der uns mit den Worten begrüßt: »Was mögen Sie lieber, Musik oder Wurst?«
Unsere Antwort wartet er nicht ab.
Es erklingt der *Danse pour un enterrement* (*Tanz für eine Beerdigung*) aus den *Gymnopédies*, das Metronom skandiert »Sa-tie-est-mort-Vi-ve-Sa-tie!«, und eine riesige gelbe Birne bewegt ihre metallischen Flügel. Im Alter von zweiundzwanzig Jahren hat Erik Satie die drei *Gymnopédies* geschrieben, seine bekanntesten Stücke.

Begonnen wird also mit dem Ende, mit dem Tod, dem Satie am 1. Juli 1925 erlag. Seine »Spaßvogel«-Seele schwebt auf den Flügeln der Frucht aus den *Stücken in Form einer Birne* in den Sternenhimmel.

Wir hören die Stimmen seiner Zeitgenossen, Claude Debussy, Maurice Ravel, Igor Stravinsky, Jean Cocteau und Man Ray, der sagte: »Er ist der einzige Musiker, der Augen hatte.« Vom Himmel aus kommentiert Satie sein Leben: »Geboren 1866, ja. Ich nannte mich Erik Satie, wie alle es taten. ... Ihr jungen Leute, treibt euch nicht in Cafés herum! Hört auf einen Mann, der das übertrieben hat, jawohl, aber er bereut nichts, das Monster. ... Ohne Familie, ja. Es ist wahr, daß mein Stammbaum keine Früchte trug. Kurzsichtig von Geburt, weitsichtig im Herzen.«

Eine Treppe führt ins Obergeschoß. Honfleur, die Kindheit, ausgebreitet in einem beweglichen Bilderbogen: Häuser, Boote, das Meer, die Musik, der frühe Tod von Mutter und Großmutter – Lehrzeit für spätere Melancholie und Einsamkeit. Wir hören Kinderlieder, die in seine Kompositionen einfließen: »Maman les p'tits bateaux qui vont sur l'eau ont-ils des jambes?« (Mama, die kleinen Boote auf dem Wasser, haben die Beine?) oder »Le Bon Roi Dagobert« (Der gute König Dagobert).

Im nächsten Raum seine einsamen, kargen Behausungen, das Mobiliar an die Wände skizziert, wie Satie es selbst gern tat, zwei ineinander verschachtelte Pianos, gestapelte Tische, die Objekte einer Sammler-Obsession: Regenschirme. Erinnerungen an seine Liebe Suzanne Valadon – sie dauerte nur wenige Monate, dazu das Musikstück ihr zum Gedenken, *Bonjour Biqui*.

Es folgt das Zimmer des zweigeteilten Satie. Nur beide Teile zusammen ergeben ein Ganzes. Satie am Morgen: die Kapelle, das Heilige, ironisch seine Seele rettend, das Echo der gotischen Kirche, die Stimmen der Chöre, der graue, kalte Stein, die Kabbala, Messe für die Armen. Satie am Abend: Pianist in den Cabarets am Montmartre, das Profane, seinen bescheidenen Lebensunterhalt verdienend, die Stimme des Herzens, das rebellische Gelb, derbe Sprüche. Von der einen zur anderen Seite wechselnd, hören wir Pianomusik der Cabarets oder sakrale Kirchenmusik.

Anschließend wird der Besucher zum Cocktail geladen, von Jonas, einem mechanischen Spielzeug in Form eines Affen. Jonas ist eine Figur aus einer »comédie lyrique«, einem Stück mit dem Titel *Le Piège de Méduse* (*Die Falle der Medusa*), das man als Vorläufer des absurden Theaters bezeichnen kann.

Installationen wie auf Blütenstengeln illustrieren *Socrate* (*Sokrates*), ein symphonisches Drama für 4 Stimmen und Kammerorchester, basierend auf den Dialogen Platons. Und eine rätselhafte, mit Bällen operierende Musikmaschine, das »phonoscope«, setzt sich in Bewegung und zeugt vom Spieltrieb des Meisters, wenn sie Melodien generiert.

Am Schluß das Schönste: die »pédalocroches«, eine wundersame, karussellartige Maschine mit dem Aussehen eines antiquierten Fitnessgeräts. Der Besucher nimmt Platz auf einem Sitz, setzt seine Füße auf die Pedale und erzeugt durch sein Treten eine vorwärtstreibende Kreisbewegung und das Erklingen der Musik.

Wer mag, kann sich anschließend in eine Cocktail-Bar im Stil der zwanziger Jahre begeben, in einem Sessel versinken und sich davon überzeugen, daß das Multitalent Satie auch den Film als Kunstgattung nicht verschmähte. In dem Ballett *Relâche* – ein hypermodernes Experiment zu seiner Zeit –, das Satie zusammen mit Francis Picabia herausbrachte und das ihm den Ruf eines Dadaisten einbrachte, wurde vor Beginn und zwischen den beiden Akten ein kur-

zer Film von René Clair gezeigt, eine Szenenfolge, in der Erik Satie selbst erscheint in seinem typischen Habit: schwarzer Gehrock, Melone, Kneifer, weiße Handschuhe und immer ein Regenschirm am Arm.
Zum Abschied zieht Erik Satie die Melone, dieser »Spaßvogel«, der sein wahres Ich hinter Ironie, Spiel und Masken versteckte. Was ist schon wahr, würde er vermutlich fragen. Wahr ist jedenfalls, daß er in äußerster Armut, nahezu in Verwahrlosung lebte, was jedoch kaum jemand wußte. Erst nach seinem Tod öffnete sich die Tür zu seiner Privatsphäre. So erklären sich auch die hohen Zeitungsstapel am Anfang des Rundgangs im Museum. Darius Milhaud, der mit einigen Freunden nach Saties Tod die Wohnung betrat, beschrieb folgendes:
»Dieser Mann, der in seinem tadellos sauberen und korrekten Anzug eher wie das Modell eines Beamten aussah, besaß also absolut nichts: ein armseliges Bett, einen Tisch, mit einem Durcheinander von Sachen bedeckt, einen Stuhl und einen halbleeren Schrank. In allen Ecken Spazierstöcke, alte Hüte, Zeitungen. Auf dem alten klapprigen Klavier, dessen Pedale mit einer Schnur zusammengebunden waren, lag ein Paket, dessen Poststempel erwies, daß es vor ein paar Jahren abgeliefert worden war. Satie hatte nur eine Ecke des Papiers aufgerissen, um zu sehen, was es enthielt – ein kleines Bild, ein Neujahrsgeschenk ohne Zweifel.«[9]
Auf dem Rückweg zum Hafen passieren wir in der rue de l'Homme-de-Bois, place Erik Satie, das **Musée Eugène Boudin**, das eine Sammlung von zweiundneunzig Gemälden und Skizzen des 1824 in Honfleur geborenen Malers zeigt. Boudin war der erste, der Mitte des 19. Jahrhunderts seine Motive bei den Fischern, Fischverkäufern, am Strand und auf dem Meer fand. Er gilt als Vorläufer der Impressionisten.

Wer mag, schließt noch einen Abstecher zur Kirche **St. Léonard** an, wo Erik Saties Klavierlehrer, Monsieur Vinot, Organist war. Man geht am inneren Hafenbecken vorbei in die rue de la Chaussée, weiter in die rue Notre-Dame, und steht auf der place St. Léonard direkt vor der Kirche. Im Innern der Kirche, die im 17. Jahrhundert gebaut wurde, ist eine Statue des heiligen Leonhard – er gilt als der Schutzpatron der Häftlinge – mit zwei knienden Gefangenen und ein Weihwasserbecken aus Muscheln anzusehen.

6. Équemauville/bois du Breuil

Françoise Sagan – Bonjour Tristesse

Nur sieben Kilometer von Honfleur entfernt, auf einem kleinen Umweg in Richtung Trouville, erstreckt sich der wunderschöne Laubwald **bois du Breuil**. Und mittendrin liegt das Herrenhaus **manoir du Breuil**, in dem eine der erfolgreichsten Schriftstellerinnen des 20. Jahrhunderts gelebt hat: Françoise Sagan.

Von dem Haus ist nicht viel zu sehen, aber die Geschichte, die damit verbunden ist, ist zu schön, um nicht erzählt zu werden. Und der Wald ist allein einen Ausflug wert.

Von Honfleur nimmt man die D 579, eine lange Kastanienallee, in Richtung Pont-l'Évêque, die in den Ort Équemauville hineinführt. Nach dem Supermarkt, dem Intermarchet, rechts abbiegen. Es gibt kein Schild, keine Hinweistafel, die Straße geht in Richtung Pennedepie und wird etwas kurvig. Da beginnt der Wald, der im Sommer Schatten spendet und auch zu Wanderungen einlädt. In einer Talsenke erscheint links ein Anwesen, das von einer Hecke umgeben ist. Man kann erahnen, in welcher Einsamkeit Françoise Sagan hier gelebt hat.

Das Haus kaufte Françoise Sagan 1958, vier Jahre nachdem sie, neunzehnjährig, schlagartig mit ihrem Roman *Bonjour Tristesse* berühmt wurde. Zunächst zweifelten die Kritiker daran, daß diese junge Frau den Roman selbst geschrieben hatte. Frech und freizügig erzählte sie die Geschichte der siebzehnjährigen Cécile, die mit ihrem Vater und zwei seiner Geliebten an der französischen Riviera ihre Ferien verbringt. Ein Roman leicht wie eine Sommerbrise, als sei das Leben ein Kinderspiel, selbst wenn die Traurigkeit ihre Schatten wirft. Das Ambiente der Côte d'Azur tat ein übri-

ges, und auch die Leidenschaft der Autorin für schnelle Autos fehlte nicht.
»Wir brachen also am Nachmittag gegen sechs Uhr auf. Wir fuhren in Annes Auto. Ich liebte ihren Wagen. Es war ein schweres amerikanisches Kabriolett, das mehr ihren Repräsentationspflichten als ihrem Geschmack entsprach. Dagegen entsprach es dem meinen: voll von glitzernden Gegenständen, leise, eine Welt für sich, und fast zu weich in den Kurven. Noch dazu saßen wir alle drei vorn, und nirgends empfand ich soviel Freundschaft für andere Menschen wie in einem Auto. Alle drei vorn, die Ellbogen eng aneinandergedrückt, erlebten wir die gleichen Freuden: Schnelligkeit und Wind – und vielleicht den gleichen Tod.«[1]
Neu war ihr aufbegehrender Ton und ein gewisser Sarkasmus, mit dem sie die Gesellschaft der 50er Jahre beschreibt. Ihre Figuren gehören einer gehobenen sozialen Schicht an: reich, frei und darauf aus, sich zu amüsieren, um nicht in eine melancholische Stimmung zu verfallen. Die Vorliebe ihrer Romanheldin für Autos und Schnelligkeit ist autobiographisch geprägt. In ihren Erinnerungen schreibt Françoise Sagan:
»Immerhin finanzierte mir ›Bonjour Tristesse‹ mein erstes Auto, einen Jaguar XK 140, zwar gebraucht, aber ein richtiges Schmuckstück, auf das ich ziemlich stolz war.«[2]
Sie liebte den Rausch der Geschwindigkeit. Einmal entging sie bei einem Unfall, als sie die Kontrolle über das Fahrzeug verlor und die Böschung hinunterschoß, nur knapp dem Tod, was sie jedoch nicht daran hinderte, weiter in Rennfahrermanier über die Straßen zu rasen. Nach dem unerwarteten Erfolg von *Bonjour Tristesse* trieb sie sich nächtelang mit Freunden herum, in Paris oder in Saint-Tropez. Im Juli 1958 hatte sie das Vagabundieren satt und brach ihren Aufenthalt an der Côte d'Azur abrupt ab.

»Auf einen Tip von Freunden hin fuhr ich durch die Normandie, um mir für den darauffolgenden Monat ein Haus zu mieten. Ich hatte die Wahl zwischen einem großen, heruntergekommenen Haus, einsam gelegen und von Feldern und Bäumen umrahmt, und einem gepflegten Haus am Strand, das mit allem modernen Komfort ausgestattet war. Natürlich nahm ich das erste.«[3]

Sie mietete den manoir du Breuil, wie es bereits vor ihr die Freunde Jules Renard und Sacha Guitry getan hatten. Gekauft hat sie das Haus weder von ihren Romanhonoraren noch von den Filmrechten, sondern von einem Gewinn im Casino von Deauville. Am 8. August gewann sie mit der Ziffer 8 im Roulette achtzigtausend Francs. Am nächsten

Morgen um 8 Uhr suchte sie den Besitzer des Anwesens auf, legte das Geld auf den Tisch und erwarb damit das Haus.

»Ich besitze es noch immer; es ist das einzige materielle Gut, das mir auf dieser Erde gehört (außer dem siebzehn Jahre alten Mercedes), und trotz der zahllosen Hypotheken, die auf ihm lagen und noch immer liegen, hoffe ich sehr, daß es mir bis zu meinem seligen Ende erhalten bleiben wird.«[4]

Nachdem sie das Haus gekauft hatte, legte sie sich schlafen, um sich für die nächste Nacht auszuruhen. So war Françoise Sagan. Ihr Erfolg dauerte an. Ungefähr vierzig Theaterstücke und Romane schrieb sie, einige, wie *Lieben Sie Brahms?*, wurden verfilmt und waren Welterfolge. Sie verdiente viel Geld, und sie gab es mit vollen Händen aus. Dann wurde es still um sie. Ihr Name erschien in der Öffentlichkeit nicht mehr im Zusammenhang mit Erfolgs-, sondern mit Skandalgeschichten. 1995 wurde sie wegen Kokainbesitzes zu einem Jahr Gefängnis auf Bewährung und zu einer Geldstrafe verurteilt. Ihr Ende war so selig nicht, wie sie es beschwor. Sie starb im September 2004 vollkommen verarmt und vereinsamt nach langer Krankheit an einer Lungenembolie im Hospital in Honfleur.

Allzugern gibt man der Versuchung nach, im letzten Satz ihres ersten Romans eine Art vorausschauendes Lebensmotto zu erkennen:

»Dann steigt etwas in mir auf, das ich mit geschlossenen Augen empfange und bei seinem Namen nenne: Traurigkeit – komm, Traurigkeit.«[5]

Die nun folgende Spazierfahrt führt durch eine der schönsten Regionen der Normandie: Côte de Grâce wird dieser Küstenabschnitt bei Honfleur genannt, nach einer kleinen Kapelle, Notre-Dame-de-Grâce, oberhalb von Honfleur, einem Wallfahrtsort der Fischer. Die Kapelle ist auch von

Honfleur aus zu Fuß zu erreichen: von der Kirche Sainte Catherine aus folgt man der rue des Capucins und dann der charrière-de-Grâce steil nach oben. Von der Madonnenstatue im Innern erbitten die Fischer jedes Jahr am Pfingstmontag ihren Segen. Die Tradition geht auf das 11. Jahrhundert zurück. Die ursprüngliche Madonnenstatue wurde allerdings längst durch eine andere ersetzt und die Kapelle im 17. Jahrhundert erneuert.

Auf den kleinen Straßen zwischen Honfleur, Équemauville und Pennedepie erlebt der Besucher eine einzigartige Schönheit von Landschaft, Häusern und Gärten. Normannische Fachwerkhäuser mit Hortensien und Rosen, Herrenhäuser mit Parks und Hecken, Wiesen mit hellbraunen Kühen, ein Wäldchen mit einem Aussichtsplatz für den Blick auf das Meer.

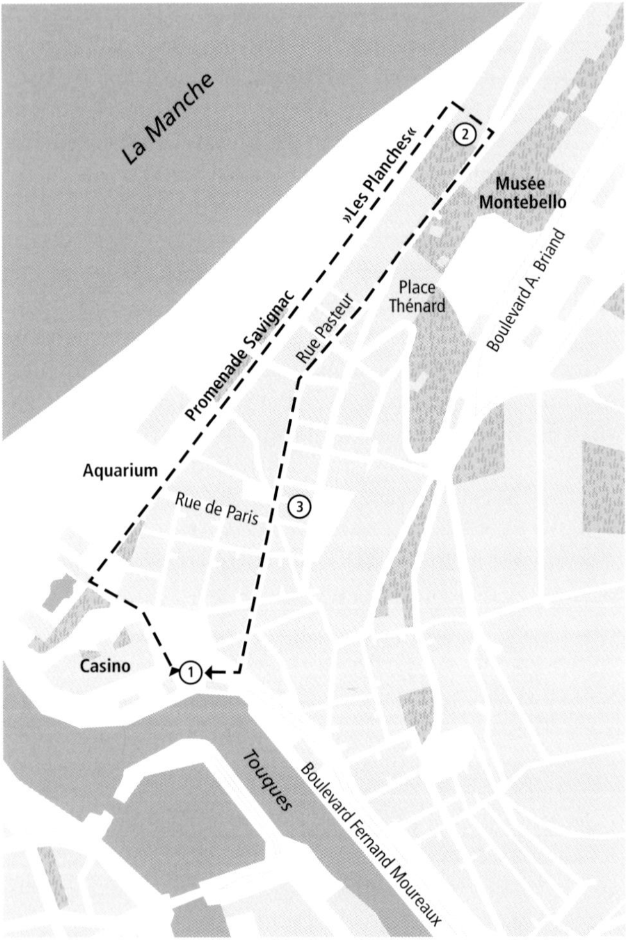

1. Casino 2. Hôtel des Roches Noires 3. Rue Bonsecours

7. Trouville

Marguerite Duras – Frau am Meer

Wir fahren zurück auf die Küstenstraße, die Honfleur mit **Trouville** verbindet. In Trouville halten wir im Zentrum der Stadt. Vor dem Casino ist ein großer Parkplatz.

Trouville gehört zu den traditionsreichen Badeorten an der Kanalküste. Bereits in den 60er Jahren des 19. Jahrhunderts wurde Trouville für das Badeleben gerüstet, es entstanden Hotels, ein Spielcasino und für die Schiffsreisenden ein Pier mit einer Anlegestelle.

Ausgangspunkt für unseren Spaziergang ist das Casino von Trouville. Wir begeben uns in Richtung Strand auf die »Planches«, die Holzplanken, rechts befindet sich ein kleiner Bouleplatz, links das Schwimmbad. Wir gehen nach Norden, vorbei am Hôtel Flaubert, vorbei an den Einrichtungen sommerlichen Vergnügens, an Kinderspielplätzen, Eis- und Waffelbuden, Kabinen, Tennisplätzen, vorbei an den meist nur im Sommer bewohnten kleinen Villen mit ihrem eigenen Strandzugang – weiter bis zum Ende der Planches. Auf der rechten Seite, direkt vor der kleinen Treppe, die zur Straße führt und heute **Marguerite-Duras-Treppe** heißt, liegt ein imposantes, gelb-rötliches Gebäude mit grauem Schieferdach und weißen Fensterläden. Es trägt den Namen **Les Roches Noires**, schwarze Felsen. Die schwarzen Felsen zeigen sich nur bei Niedrigwasser, und nur dann kann man den Strandspaziergang an Les Roches Noires vorbei fortsetzen, wenn man will, bis nach Honfleur.

Die Geschichte des Gebäudes erzählt zugleich die Geschichte des Badelebens an der Kanalküste, das sich etwa in den 50er Jahren des 19. Jahrhunderts entwickelte. Im Jahr 1864 hatten zwei Juristen aus Lisieux die Idee, ein Hotel der

Luxusklasse in Trouville zu errichten, das imposanter sein sollte als alles bisher Dagewesene. Die Spekulation schien erfolgversprechend und lukrativ, denn Trouville war durch die Eisenbahnlinie in fünf Stunden vom Pariser Bahnhof St. Lazare zu erreichen. Die Bauherren sahen im Geist bereits ihre Gäste vor sich, als sie den Architekten Alphonse Nicolas Crépinet, der in Paris die Opéra Garnier konzipiert hatte, mit den Plänen beauftragten. Aus den Cafés und Restaurants an den Grands Boulevards im Opernviertel würden die Pariser direkt in den Zug nach Trouville steigen, um hier denselben Lebensstandard vorzufinden, den sie gewohnt waren. Im Frühjahr 1865 wurde mit dem Bau begonnen, im Juli 1866 wurde die Eröffnung des Luxushotels gefeiert. Suiten standen bereit für die Adligen, für das Personal war das ganze obere Stockwerk reserviert. Direkt unter dem Dach, nur mit einer Luke versehen und im Sommer unerträglich stickig und heiß, die »chambres de bonne«, Zimmer der Dienstmädchen. Im Erdgeschoß befanden sich die Einrichtungen zur Zerstreuung und Unterhaltung der Herrschaften: einen salon de thé gab es ebenso wie ein Café, ein Restaurant, einen Billardraum sowie eine Terrasse und eine Freitreppe zum Strand.

Und sie kamen, all die Prinzen, Herzöge, Barone, Marquis, und mit ihnen diejenigen, die sich im Glanz des Adels sonnten. Mit dem Bau gigantischer Hotels wie das »Roches Noires« oder das »Grand Hôtel« in Cabourg (siehe Kapitel 8) wurden der europäische und außereuropäische Adel – sogar ein japanischer Prinz zählte zu den Gästen – und das reiche Bürgertum angezogen. Bis in die 20er Jahre des 20. Jahrhunderts hinein entwickelte sich an der normannischen Küste ein Sommer-Luxus-Leben mit allen erdenklichen Annehmlichkeiten wie Tennisplätzen, Yachtausflügen, Spielcasinos.

Im *Guide annuaire de Trouville* von 1868, einem Reiseführer der damaligen Zeit, stand über die Eröffnung des »Hôtel des Roches Noires« zu lesen:

»Trouville hält in diesem Jahr eine Überraschung für die Reisenden bereit, wenn sie mit dem Schiff von Le Havre ankommen. Kaum ist die Küste in Sicht, zeichnet sich undeutlich etwas Riesenhaftes, Massiges ab. Wenn das Schiff sich nähert, gewinnt die Masse an Konturen. Sie erscheint grandios, unübertrefflich, mit zwei parallelen Flügeln an beiden Seiten, mit Ziegelkaskaden in der Steinwand, Stucksäulen, breit angelegten Bas-Reliefs, Balkons und den tausend Fenstern, die sich zum Meer hin öffnen.

Und wenn man am Abend ankommt, ist das Staunen noch größer, und Sie mögen an eine Fata Morgana oder an ein Spukschloß glauben, das nur Ihrer kranken Phantasie entspringen kann. Sie glauben sich in ›Hoffmanns Erzählungen‹ versetzt oder in die Edgar Allan Poes.«[1]

Claude Monet, der in Le Havre geboren wurde, kannte den Küstenabschnitt am Kanal seit seiner Kindheit. Er hat die Veränderungen, die mit der Entwicklung des Badelebens einhergingen, auf seinen Bildern festgehalten: wie sich die Landschaft durch die Bedürfnisse der Reisenden veränderte, wie die Sommergäste das Strandleben prägten, wie sie neue Sitten in die Fischerorte brachten. 1870 malte er das *Hôtel des Roches Noires* (hängt heute in Paris im Musée Quai d'Orsay) mit der großen Freitreppe, über die die Gäste auf die Terrasse hinabschreiten. Die Damen weiß gekleidet mit Sonnenschirmen, promenierend oder sitzend, die Herren sich grüßend durch Abnehmen des Hutes. Eine rot-weiße Fahne flattert im Wind vor dem blauen normannischen Himmel. Das Hotel erscheint als Kulisse für ein sehr urban geprägtes soziales Leben. Ein anderes Ölgemälde, *La plage à Trouville* (Der Strand in Trouville, heute coll. Wadsworth

Atheneum, Hartford, Connecticut, USA) zeigt die Planches mit Sommergästen, links davon Strand und Meer, rechts die kleinen Villen mit ihren Treppchen. Im Hintergrund sieht man das »Hôtel des Roches Noires«. In diesen 70er Jahren des 19. Jahrhunderts, an der Küste der Normandie, hat Claude Monet den Malstil entwickelt, den man Impressionismus nennt.

Ein vergessener Schriftsteller mit dem Namen Adolphe Belot veröffentlichte im Jahr 1875 einen Roman mit dem Titel *Les Baigneuses de Trouville* (Die badenden Frauen von Trouville), geschrieben aus der Sicht einer Hotelangestellten. Ein Ehepaar der höheren Gesellschaft zieht in eine Suite des Hôtel des Roches Noires ein.

»Ich durchschritt den Korridor des Hotels, öffnete eine zweiflüglige Tür und trat zurück, um Madame Vitel einzulassen. Sie ist immer in Begleitung ihres Mannes, mit dem sie noch kein Wort gewechselt hat, einer sehr eleganten Kammerzofe und eines Dieners, der das Gepäck trug, einen großen Reisekoffer aus russischem Leder.

›Das ist der Salon?‹ fragte Madame Vitel.

›Ja, Madame.‹

›Geht er zum Meer hinaus?‹

›Von allen Fenstern aus haben Sie einen Blick aufs Meer. Diese beiden liegen dem Meer gegenüber, und die beiden Eckfenster gehen in Richtung Le Havre und der Seinemündung.‹

›Das stimmt‹, sagte sie, den Vorhang beiseite schiebend, ›die Aussicht ist sehr schön.‹

›Die Aussicht ist sehr schön‹, wiederholte Monsieur Vitel wie ein Echo.

... Madame Vitel wandte sich an mich und sagte, während sie den Salon mit Blicken durchmaß:
›Kandelaber und Kronleuchter haben keine Kerzen. Man wird dort welche einsetzen und ständig erneuern auf Kosten des Hotels. Wo sind die Schlafzimmer, bitte, Fräulein?‹ fragte sie.
Ich führte sie in ein sehr schönes Zimmer, das sich an den Salon anschloß und dessen Fenster sich zum Meer öffneten.
›Alle Achtung!‹ sagte sie, ›das ist luftig und geräumig. Viktoria, ziehen Sie diese Bettwäsche ab und ersetzen Sie sie durch die, die ich mitgebracht habe.‹
Ich öffnete eine weitere Tür und bat Madame Vitel hinein:
›Und das ist das Badezimmer.‹«[2]
Marcel Proust war mehrmals Gast im »Hôtel des Roches Noires«, einmal als Kind mit der Großmutter 1885 und zweimal mit der Mutter 1893 und 1894, bevor er später regelmäßig nach Cabourg ins Grand Hôtel fuhr. Auf einer Gedenktafel am Einfahrtstor des »Hôtel des Roches Noires« ist ein Ausschnitt aus einem Brief zu lesen, den Proust am 16. September 1894 von hier an den Komponisten und Freund Reynaldo Hahn schrieb:
»An diesem Sonntagmorgen herrscht herrliches Wetter ... Ich glaube, wenn Sie für zwei Tage ans Meer kommen müssen, wäre es das beste, Sie kämen nach Trouville ... Ich werde im Hôtel des Roches Noires bleiben, in dem Sie wahrscheinlich auch wohnen werden, denn es ist das beste.«
Im Lauf der Jahre und der Geschichte hat das Hotel Erneuerungen und Veränderungen über sich ergehen lassen müssen, die wichtigste Mitte der 20er Jahre des 20. Jahrhunderts, als Robert Mallet-Stevens die Inneneinrichtung im Bauhausstil neu gestaltete, von der die Eingangshalle bis heute erhalten ist. Während des Krieges diente das Hotel

den Franzosen als Krankenhaus, bis die deutschen Besatzer es okkupierten. Noch einmal wurden die »Roches Noires« nach dem Krieg instand gesetzt und für kurze Zeit als Hotel genutzt, dann, 1959, in Eigentumswohnungen aufgeteilt und einzeln verkauft. Die Nachfrage war groß. Die meisten Hotelgäste, im wesentlichen Pariser, zögerten nicht lange und kauften die Wohnung, die Suite, das Appartement, die sie im Sommer gemietet hatten, als *résidence secondaire*, als Zweitwohnsitz.

Marguerite Duras

Im Jahr 1963 las die Schriftstellerin Marguerite Duras in Paris eine Anzeige in der Zeitung, zögerte nicht lange und kaufte das Appartement 105. Die Flure in dem ehemaligen Hotel sind lang, links und rechtsseitig die Türen, die in die Wohnungen führen, mit Klingeln versehen. Das Appartement 105 liegt am Ende des Flures im ersten Stock auf der rechten Seite (links das Appartement 111, in dem einst Marcel Proust logierte). Am Anfang hielt sich die Schriftstellerin, die in Paris lebte, nur gelegentlich in den »Roches Noires« auf, am Ende ihres Lebens hat sie fast ausschließlich hier gelebt.

Marguerite Duras (Duras ist ein Pseudonym, ihr Geburtsname ist Donnadieu) ist am 4. April 1914 in dem von Franzosen »Indochina« genannten Gebiet, dem heutigen Vietnam, geboren, in einem Ort nahe des Mekong-Deltas. Ihre Eltern waren Lehrer. Ihr Vater starb früh, sie wuchs bei ihrer Mutter mit zwei Brüdern auf. Die Familie lebte – mit kurzen Unterbrechungen, in denen sie nach Frankreich zurückkehrte – in Hanoi, in Pnomh Penh; Marguerite ging in Saigon aufs Gymnasium. Die Wochenendfahrten nach

Hause zur Mutter in Sadec beschreibt Marguerite Duras in dem Roman, der sie weltberühmt machen sollte: *Der Liebhaber*. 1933 ging die Neunzehnjährige nach Paris, um zu studieren, und blieb in Frankreich. Die Erinnerungen an Kindheit und Jugend in Indochina, die Reisfelder, das Mekong-Delta, die Plantagen, die schwüle Hitze, die koloniale Gesellschaft, vor allem aber das Meer, immer wieder das Meer, kommen in den Büchern und Filmen von Marguerite Duras vor.

Es war die unmittelbare Nähe zum Meer, die sie diesen Wohnsitz in den »Roches Noires« hat wählen lassen, der immer in der Luft liegende Geruch des Meeres und das Geräusch der Brandung.

»In meinen Büchern war ich immer am Meeresufer ... Ich hatte in sehr jungen Jahren mit dem Meer zu tun, als meine Mutter den Damm gekauft hat, das Stück Land, und das Meer alles überschwemmt hat und wir ruiniert waren. Das Meer flößt mir große Angst ein, vor nichts in der Welt habe ich ebenso große Angst. ...

Die verschiedenen Örtlichkeiten von Lol V. Stein [eine Figur aus einem Roman] sind alles Orte am Meer, es ist immer am Meeresufer, wo sie lebt, und sehr lange Zeit habe ich derartige weiße Städte gesehen, vom Salz gebleichte Städte, ein wenig, als ob Salz darüber läge, über den Straßen und den Orten, an denen sich Lola Valérie Stein bewegt. Und erst hinterher habe ich begriffen, daß es nicht nur einfach Orte am Meer waren, sondern Orte, die zu einem Nordmeer gehörten, zu jenem Meer, das auch das Meer meiner Kindheit ist, zu Meeren ohne Grenzen.«[3]

Die Wohnung, die Marguerite Duras in den »Roches Noires« besaß, hat keinen direkten Meerblick, sondern liegt zur Treppenseite hin im ersten Stock, mit einem kleinen begehbaren Balkon, von dem aus man das Meer sehen kann. Es

Marguerite Duras am Fenster des Hôtel des Roches Noires, 1980

gibt Fotos von ihrem Zimmer, einem Schlaf-Arbeits-Zimmer, das schmale Bett sehr niedrig, fast am Boden, ein Nachttisch, ein Spiegel, der Schreibtisch voll mit Papieren, eine kleine Lampe. Alles sehr nüchtern, sehr einfach.

»Mein Schlafzimmer, das ist nicht nur ein Bett, weder in Paris noch in Trouville. Das ist ein bestimmtes Fenster, ein bestimmter Tisch, die Angewohnheit, mit schwarzer Tinte zu schreiben, Tinte, die nicht mehr aufzutreiben ist, ein bestimmter Stuhl. Und bestimmte Gewohnheiten, die ich immer mitnehme, wo immer ich hingehe, wo immer ich bin, sogar an Orte, wo ich nicht schreibe.«[4]

Von der Straßenseite, der rue du Général Leclerc aus, kann man von ferne einen Blick in die Mallet-Stevens-Halle werfen. Das Haus ist nicht öffentlich zugänglich, die hölzerne Drehtür, einst mondänes Entree des Hotels, bewegt sich nicht mehr. Die Bewohner betreten das Haus durch eine Seitentür, unscheinbar wie ein Dienstboteneingang. In der Halle fühlt man sich in die 20er Jahre versetzt. Die holzverkleidete Portierloge, die alten Fahrstühle, das Schlüsselregal, eine alte Telefonanlage, Sessel aus cognacfarbenem Samt, runde Art-déco-Tische, der geflieste Fußboden, die verspiegelten Wände: wie in einem Film von Marguerite Duras – tatsächlich wurde Marguerite Duras' Film *La femme du Gange* (Die Frau vom Ganges) im November 1972 hier gedreht: ein Grand Hôtel; ein Reisender kommt an den Strand, wird beobachtet, wie er ins Hotel geht.

»Nacht. Die Halle.

Der Reisende betritt die Halle. Sehr diffuses Licht. Gespenstischer Ort. Reihe leerer Sessel, dem Meer zugewandt. Wind. Jemand ist da, sitzt im Schatten: die Frau vom Strand. Immer noch geschmückt, geschminkt. Sie schaut zu, wie der Reisende kommt. Der Reisende sieht sie, bleibt stehen. Geht dann weiter. Er durchquert die Halle.

Die Frau Guten Abend.
Der Reisende (sehr leise) Guten Abend.
Der Reisende geht auf den Balkon zu, dann macht er kehrt, bleibt in Höhe der Frau stehen, wendet sich ihr zu. Sie schaut ihn nicht an. Man sieht das Ganze: die Frau zur Tür gewandt, der Reisende zur Frau gewandt. Wartesaalbeleuchtung. Die Fenster gehen auf die schwarze Nacht. Meeresrauschen in einer Grotte.«[5]

In diesem Film vermischen sich die Orte. Was man sieht, ist der Strand in Trouville, was man hört, geschieht in Kalkutta, am Ganges, das heißt, es gibt keinen eindeutigen Ort mehr, es ist »die völlige Aufhebung jeder Heimstätte«, wie Marguerite Duras sagt. Die Menschen irren im Sand umher. Bei Ebbe entsteht am Strand von Trouville das Bild einer endlosen Sandlandschaft, in der man sich verirren könnte, so weit hat sich das Meer zurückgezogen.

Marguerite Duras brauchte zum Schreiben das Alleinsein. Die körperliche Einsamkeit des Schriftstellers, schreibt sie, geht in die Einsamkeit des Textes ein. In Trouville lebte sie zehn Jahre lang in größter Einsamkeit.

»In Trouville, da war der Strand, das Meer, die Weite des Himmels, des Sandes, und dennoch war da die Einsamkeit. Hier habe ich das Meer angesehen, bis nichts mehr war. Trouville ist die Einsamkeit meines ganzen Lebens. Ich habe sie immer noch, diese Einsamkeit, um mich herum, uneinnehmbar. Manchmal verschließe ich die Tür, stelle das Telefon ab, ich werde stumm, ich will nichts mehr. Egal, was ich sage, ich werde nie herausfinden, warum man schreibt und wie man es fertig bringt, nicht zu schreiben.«[6]

Das Schreiben blieb ihr bis zum letzten Atemzug, die Einsamkeit nicht. In Trouville ist Marguerite Duras ihrer letzten Liebe begegnet. Sie stand im Sommer 1980 in Gestalt eines sehr jungen Mannes vor ihrer Wohnungstür. Sie hatten sich ein halbes Jahr zuvor bei einer Filmvorführung in Caen kennengelernt. Sie, die bekannte Schriftstellerin, hatte ihn nicht beachtet, er, der Student, hatte alle ihre Bücher gelesen. Er begann, ihr Briefe zu schreiben, regelmäßig, fast täglich. Sie beantwortete keinen, bis er eines Tages das Schreiben einstellte. Die Abwesenheit der Briefe führte dazu, daß sie, eine Leere spürend, ihm nun antwortete.

»Zwei Tage nach diesem wiedergefundenen Brief haben Sie mich hier im Roches Noires angerufen, um mir zu sagen, daß Sie mich besuchen kämen. Ihre Stimme am Telefon war leicht verzerrt, wie aus Angst, verschüchtert. Ich erkannte sie nicht. Es war ... ich kann es nicht sagen, ja, genau, es war die Stimme Ihrer Briefe, die ich mir vorstellte, als Sie anriefen. Sie sagten: Ich werde kommen. Ich fragte, wozu kommen. Sie sagten: Um sich kennenzulernen. Zu diesem Zeitpunkt meines Lebens war es ein beängstigendes Ereignis, wenn jemand mich so, von weit her, besuchen kam. Ich habe niemals, tatsächlich niemals über die Einsamkeit zu diesem Zeitpunkt meines Lebens gesprochen.«[7]

Yann Andréa kam am nächsten Tag, mit dem Bus aus Caen, mit einer schwarzen Stofftasche und einem großen Holzschirm, »eine Art chinesischem Sonnenschirm aus lackiertem Tuch«. So sah sie ihn.

»Auf dem Balkon meines Zimmers wartete ich auf Sie. Sie durchquerten den Hof des Roches Noires. ... Sie gingen an der Hecke entlang durch den Hof, bogen zum Meer hin ab und verschwanden in der Halle des Roches Noires, ohne zu mir hinaufgeblickt zu haben.

Es war also elf Uhr vormittags, Anfang Juli. Es war der Sommer 1980. Der Sommer des Windes und des Regens. ... Der Sommer unserer Geschichte. Der hier erzählten Geschichte, der Geschichte des ersten Sommers 1980, der Geschichte zwischen dem sehr jungen Yann Andréa Steiner und dieser

Frau, die Bücher schrieb und die alt war und allein wie er in diesem an sich schon europagroßen Sommer. Ich hatte Ihnen gesagt, wie Sie mein Appartement fänden, das Stockwerk, den Flur, die Tür.«[8]
Der Anfang-Zwanzig-Jährige klopfte an die Tür des Appartements 105, und nach einem leichten Zögern öffnete die Schriftstellerin. Sie redeten über das Schreiben, sie nahm seine Stimme wahr, eine sanfte, distanzierte Stimme, sie aßen, er blieb da, diese erste Nacht in den Roches Noires.
»Dann schwiegen Sie, als überlegten Sie, wie Sie mir sagen könnten, was Sie mir zu sagen hatten. Sie hörten nicht die anwachsende Stille, die mit der Nacht kam und die so tief war, daß ich auf den Balkon ging, um sie zu sehen. Ab und zu fuhren Autos am Roches Noires vorbei, auf dem Weg nach Honfleur oder Le Havre. Le Havre war wie jede Nacht festlich erleuchtet, darüber dehnte sich, nackt, der Himmel, und zwischen dem Himmel und dem Leuchtturm von Sainte-Adresse zogen die schwarzen Öltanker dahin, die wie gewöhnlich die Häfen Frankreichs und Südeuropas anliefen.«[9]
Yann Andréa blieb an Marguerite Duras' Seite bis zu ihrem Tod am 3. März 1996.
Die äußere Welt von Marguerite Duras in Trouville war begrenzt, das Gehen bereitete ihr Schwierigkeiten. Über ihren Alkoholismus und die Entziehungskur in der Klinik haben beide freimütig geschrieben. Geschwächt durch den Alkohol war sie in einer schlechten körperlichen Verfassung, sie schaffte kaum einen kleinen Spaziergang auf den Planches, wie Yann Andréa in seinem Buch *M. D.* schildert.
»Am 14. August gehen wir hinaus, spazieren. Wir spazieren über die Holzplanken am Meer entlang. Wir bleiben häufig stehen, wir setzen uns auf die Bänke. Das Meer ist ruhig, wir betrachten es, gehen weiter. Wir verlassen die sonnen-

beschienene Weite des Meeres und nehmen die Rue de Londres. Wir betreten eine winzige Kapelle und ruhen uns dort noch einmal aus. Gebete für die Seeleute werden gesprochen, einige Kerzen brennen rings um die Heilige Jungfrau. An der Wand auf dem grauen Stein Marmortafeln mit Danksagungen. Vor dem Hauptaltar steht ein Strauß gewöhnlicher Blumen.

Wir nähern uns wieder dem Haus, den Schwarzen Felsen, die zu überwindende Distanz scheint riesig. Wir bleiben alle zehn Meter stehen. Um uns herum die bewohnten Sommerhäuser. Sie stützen sich auf meinen Arm, wir kommen voran.«[10]

Der Radius ihrer Ausflüge war klein: ein Spaziergang auf den Planches, ein Mittagessen in der **Pâtisserie »Charlotte Corday«** (gegenüber vom Casino, feine Kuchen und Pasteten), ein Abendessen in der **Brasserie Central** (158 boulevard Fernand-Moureaux, Ecke rue des Bains, hier gibt es eine exzellente Fischsuppe und andere Meeresspezialitäten), wo sie ihren bevorzugten Tisch hinten in der Ecke bekam und am liebsten Crevetten aß, manchmal Jakobsmuscheln oder Seezunge und zum Dessert ein Montblanc – Maronencreme mit Sahne. Zusammen mit Yann Andréa und der Fotografin und Freundin Hélène Bamberger unternahm sie Autoausflüge in die nähere Umgebung, nach Lisieux, Étretat, Le Havre oder an die Seinemündung. Was sie sah und wie sie sah, hatte einen Bezug zu ihrem Leben und ihrem Schreiben. Von einer Brücke an der Seinemündung aus blickte sie auf die Reisfelder ihrer Kindheit, die Arme des Mekong-Deltas. In ihrem Kopf mischten sich Gegenwart und Vergangenheit.

»Um die Fähre herum der Fluß, er ist randvoll, seine Fluten durchströmen die stehenden Wasser der Reisfelder, sie vermischen sich nicht. Der Fluß hat alles zusammengerafft, was ihm seit dem kambodschanischen Urwald begegnet ist. Er nimmt mit, was kommt, Strohhütten, Wälder, Reste von Feuersbrünsten, tote Vögel, tote Hunde, ertrunkene Tiger und Büffel, ertrunkene Menschen, Fischköder, Inseln aus zusammengewachsenen Wasserhyazinthen, alles treibt auf den Pazifik zu, nichts hat Zeit dahinzufließen, alles wird erfaßt von dem tiefen und reißenden Sturm der inneren Strömung, alles bleibt in der Schwebe auf der Oberfläche des machtvollen Stroms.«[11]

»Das Meer betrachten heißt alles betrachten.« – Das Meer spielt nicht nur die zentrale Rolle im Schreiben von Marguerite Duras, die Bewegung ihres Schreibens gleicht auch der Bewegung des Meeres mit seinem Kommen und Gehen, den Wellen, die sich brechen, um wieder neu zu erstehen. Ihr Schreiben ist ein Fließen von Wörtern, die aus dem inneren Meer ihrer Erinnerung kommen.

»Diese Nacht, verloren zwischen unzähligen anderen Nächten, diese Nacht, das wußte sie bestimmt, hatte das Mädchen auf eben diesem Schiff verbracht, und es war zugegen gewesen, als sie sich entlud, diese Musik von Chopin unter dem vor Gefunkel strahlenden Himmel. Es gab keinen Windhauch und die Musik durchdrang den ganzen dunklen Dampfer wie eine Weisung des Himmels, von der man nicht wußte, worauf sie sich bezog, wie ein Befehl Gottes, dessen Inhalt man nicht kannte. Und das Mädchen hatte sich aufgerichtet, als wollte es sich nun seinerseits umbringen, sich ins Meer stürzen, und danach hatte es geweint, weil es an den Mann von Cholen gedacht hatte, und es war plötzlich nicht sicher gewesen, ob es ihn nicht doch geliebt hatte, mit einer Liebe, die von ihm nicht wahrgenommen worden war, weil sie sich in der Geschichte verloren hatte wie Wasser im Sand und die es erst jetzt wiederfand, in diesem Augenblick der Musik, die sich hinstürzte über das Meer.«[12]

Man kann mit den Texten von Marguerite Duras am Strand von Trouville entlangspazieren und das Meer in seiner immerwährenden Veränderung betrachten. Oder man sieht einfach den Kindern zu, wie sie Ball spielen oder sich von halbmondartigen Fluggeräten auf Skateboards über den harten Sand ziehen lassen.

Oder man betrachtet die alten Leute, die im Sommer jeden Nachmittag sich auf der Terrasse des »Roches Noires« zusammenfinden. In der Mehrzahl Frauen. Sie suchen die Gesellschaft der anderen, auch wenn sie schweigen oder Zeitung lesen. Seit vielen Jahren kommen sie in jedem Sommer hierher in ihre Wohnungen. Sie kannten das »Roches Noires« schon, als es noch ein Hotel war. Sie waren Schauspielerin oder Tänzerin oder Verlegerin oder Malerin oder Schriftstellerin. Das ist heute nicht anders als zu der Zeit, als Marguerite Duras ihren Text schrieb über die *Damen der Roches Noires*.

»Hier, im Hôtel des Roches Noires, versammeln sich im Sommer jeden Nachmittag ältere Damen auf der Terrasse zum Gespräch. Man nennt sie die Damen der Roches Noires. Jeden Tag, jeden Nachmittag während des ganzen Sommers. Man kann ein Leben lang über sein Leben reden, das Leben ist ergiebig. Diese Frauen unterhalten sich auf der Terrasse in der Nähe des Meeres, bis es kühl wird, bis es dämmert. Häufig gehen Menschen vorbei und hören zu. Manchmal fordern sie diese auf, sich zu ihnen zu gesellen. Es sind Frauen, welche die Ereignisse ihres eigenen Lebens und die anderer Leben, anderer Existenzen erzählen, auf unvergleichliche Art. Auf den Trümmern des Krieges stehend, reden sie seit 40 Jahren über Mitteleuropa. Es gibt Menschen, die sich jedes Jahr in diesem großen Hotel am Ärmelkanal zusammenfinden. Um zu reden.

1940 waren sie zwischen zwanzig und fünfunddreißig. Sie

leben in Passy in Frankreich, einige von ihnen. Damen, das Wort besagt nichts, wenn man nicht die vom Ärmelkanal kennt. Im Sommer bauen sie Europa wieder auf, durch das Netz ihrer Freundschaften, Treffen, mondänen und diplomatischen Beziehungen, durch Bälle in Wien, Paris, durch die Toten von Auschwitz, durch das Exil. Proust weilte gelegentlich in diesem Hotel. Manche von ihnen müssen ihn gekannt haben. Es war das Zimmer 111, mit Blick aufs Meer. Es ist, als ginge Swann durch die Gänge. Als sie blutjunge Mädchen sind, geht Swann vorüber.«[13]
Wir gehen auf den Planches wieder zurück in Richtung Casino und werden durch ein Bild oben an der Mauer des Hôtel Flaubert auf den Schriftsteller aufmerksam, der dem Hotel den Namen gab und der hier im zarten Alter von fünfzehn die große unerfüllte und unerfüllbare Liebe seines Lebens fand. Das Bild zeigt vor himmelblauem Hintergrund einen mit geschlossenen Augen selig träumenden Gustave Flaubert auf dem Rücken einer Möwe, die eine Schreibfeder im Schnabel trägt. Gemalt wurde es von dem Zeichner und Karikaturisten Raymond Savignac, der in Trouville seine Wahlheimat gefunden hatte und hier 2002 gestorben ist, die Planches wurden nach ihm **Promenade Savignac** genannt.

Undine Gruenter – Wintergast in Trouville

Auf der Höhe der Kirche **Notre-Dame-de-Bonsecours** verlassen wir die Planches und biegen links in das Gäßchen rue de Londres ein, bis wir vor der Kirche an der rue Victor Hugo stehen. Das ganze Viertel ist nach der Kirche Bonsecours benannt. Dieser kleine Umweg ist der deutschen Schriftstellerin Undine Gruenter gewidmet, die bis zu ihrem frühen Tod 2002 in Paris lebte und dem Ort Trouville ein literarisches Denkmal setzte in ihrem Erzählungsband *Sommergäste in Trouville*. Es ist nicht immer ein sommerliches, von Gästen überfülltes Trouville, in dem ihre Erzählungen spielen, sie führt uns auch einen verlassenen Badeort in der Nachsaison vor, im Herbst und Winter, wenn die Sommergäste abgefahren und die Bewohner sich selbst überlassen sind. Gegenüber der Kirche verläuft die **rue Bonsecours**, ihr folgen wir, überqueren die rue d'Orléans und erreichen den hinteren Teil der rue Bonsecours, eine Sackgasse. Gesäumt von kleinen Häusern mit blauen oder grauen Fensterläden und Schildern, auf denen »Les blés d'or« (Goldweizen), »Mignon« oder »Serpolette« steht, endet die Straße an einem großen weißen Eisentor. Dahinter beginnt ein Garten mit hohen Sträuchern, der sich bis zu einem oben am Hang liegenden Haus hinaufzieht. Das Tor ist mit einer schweren Kette verschlossen. Hier setzt Undine Gruenters Erzählung *Impasse du Bon Secour* ein. Der Erzähler, ein Pariser Schriftsteller, fühlt sich von dem Tor und dem dahinterliegenden Haus magisch angezogen.

»Wieder gehe ich die kleine Straße entlang bis ans Ende, bis an das große weiße Gittertor, das verschlossen ist und in der Dämmerung leuchtet wie die Grenze zu einem unbetretbaren Teil der Stadt. Dahinter, in der Dunkelheit kaum erkennbar, zieht sich ein Garten voll Schatten und Treppen den Hang hinauf, steht man direkt davor, glaubt man, eine Wand, fast schwarz, erhebe sich hinter dem Tor. Im Verhältnis zu der kleinen Straße hat es pompöse Ausmaße, zwei mächtige Flügel, das Eisen barock geschwungen. Obwohl die Scharniere gut geölt sind, nirgends eine Spur von Rost, das Gitterwerk frisch gestrichen, scheint es seit langem verschlossen. Die schäbige kleine Straße und die Lanzettenspitzen machen eine Kette ums Schloß wohl überflüssig, kein

Einbrecher, kein neugieriges Kind versucht, das Tor zu öffnen oder hinüberzuklettern. Das Tor ist verschlossen und führt auf eine Wand. Wie der Name sagt, die Straße ist eine Sackgasse. Impasse du Bon Secour. Wieder gehe ich, gegen Abend, die Straße bis ans Ende, eine Straße mit vielen leeren Häusern und geschlossenen morschen Fensterläden, eine Straße, die wie die ganze Stadt ist, jetzt, außerhalb der Saison, eine gespenstische Stadt, durch die der Wind weht und in der sich der Sand als zeitlose Spur in allen Ritzen abgelagert hat.«[14]

Undine Gruenters Pariser Schriftsteller ist in Trouville auf der Suche nach einem Haus, um fernab vom Großstadtlärm in Ruhe arbeiten zu können. Mit einem Immobilienmakler sieht er sich verschiedene Objekte an. Und er entdeckt dabei eine andere, unsichtbare Seite des Ortes. Geradezu magisch wird er allabendlich von dem Gitter am Ende der Sackgasse angezogen. Mal sieht er eine ganze Etage des Hauses, das, wie man am Ende erfährt, unbewohnt ist, festlich hell erleuchtet, mal im Eckzimmer den Schein eines roten Lampenschirms. Das Phantastische bricht in die Wirklichkeit ein.

Die Erzählung verläuft auf zwei Ebenen. Die eine Ebene ist eine genaue Topographie des Ortes, auf die Undine Gruenter immer wieder zurückkommt.

»Verlasse das Hotel, ein regnerischer Tag, der sich gegen Mittag aufhellen wird, kaufe Zeitungen am Carrefour in der Rue des Bains, setze mich in die Mozin-Bar, trinke Kaffee und warte, daß es zehn Uhr wird und die Geschäfte öffnen. Die Antiquariate, die Antiquitätenläden und Modeboutiquen öffnen in diesen Monaten erst am Nachmittag oder am Wochenende. ... Die Rue des Bains ist eine französische Straße, nützlich und dem alltäglichen Genuß verpflichtet – Bankbüro, Handarbeitsladen, Weincave, Drogerie, Käseladen, Boucherie, mehrere Boulangerien und an der Ecke ein kleines Blumengeschäft.«[15]

Alle genannten Orte kann man in Trouville wiederfinden: vom Zeitungsladen über das Café und den Immobilienhändler bis zur Brasserie »Le Central«.

Gleichzeitig entsteht durch das Hereinbrechen des Phantastischen eine seltsam schwebende Atmosphäre, die der Abbildung der Wirklichkeit entgegenläuft. Das weiße Gittertor am Ende der rue Bonsecours ist bei Undine Gruenter der Eingang in eine traumhafte Welt.

Wir gehen mit Undine Gruenter durch die Geschäftsstraße rue des Bains zum Casino zurück und erweisen zum Schluß unsere Reverenz dem berühmten Sommergast des 19. Jahrhunderts, der in Trouville seine große Liebe fand. Wir sind ihm schon begegnet: Gustave Flaubert. Hell leuchtet die Statue am Quai der Touques, umgeben von ein paar Platanen und etwas Rasen. Seinen Blick hat er auf das Casino und die Stadt gerichtet, fast lässig steht er da, eine Hand in der Jackentasche, und muß täglich die Massen von Autos auf dem großen Parkplatz ertragen.

Im August 1836 verbrachte Gustave Flaubert mit seiner Familie die Sommerferien in Trouville. Im nahen Pont-l'Évêque hatte die Mutter Verwandte. Die Liebe des fünfzehnjährigen Gustave begann mit einem Hut, den ihm der Wind am Strand vor die Füße wehte. Er hob ihn auf und brachte ihn, als wohlerzogener junger Mann, der Besitzerin zurück. Die hieß Elisa Schlesinger, war sechsundzwanzig Jahre alt, verheiratet mit einem preußischen Musikalien-Verleger und Mutter einer Tochter. Für Gustave war es Liebe auf den ersten Blick. Unter den Augen des Ehegatten sahen sich die zwei auf Ausflügen und Spaziergängen während des gemeinsamen Aufenthaltes fast täglich. Dann waren die Ferien zu Ende, man trennte sich. Über zehn Jahre lang kehrte Flaubert immer wieder nach Trouville zurück, als wollte er die Erinnerung auffrischen und seine Inspirationsquelle nicht versiegen lassen: »Ach, wie sehr habe ich hier geliebt und geträumt.«

In einem Brief an Jules Michelet schreibt er im Januar 1861 anläßlich der Publikation von dessen Werk *La mer* (Das Meer):

»Ihre Skizze der Idioten auf der Fähre von Honfleur hat mir eine persönliche Erfahrung ins Gedächtnis zurückgerufen, denn auch mich haben solche Menschen beeinträchtigt. Sie waren es, die mich Trouville haben meiden lassen, wo ich zehn Jahre lang hintereinander jeden Herbst verbrachte. Ich lebte dort wie ein Wilder, lief mit nackten Füßen über den Sand. Aber in einer Ecke Ihres Buches habe ich auch die Sonne meiner Jugend wiedergefunden.«[16]

Flaubert besuchte die Familie Schlesinger einige Male in Paris. Es gibt einen kurzen und wenig aufschlußreichen Briefwechsel mit Madame, aber auch mit Monsieur Schlesinger. Für Flaubert verkörperte Elisa das Idealbild einer Frau.

Die Herberge, in der die Familie Flaubert einst logierte, gibt es nicht mehr. An Flaubert erinnert nur das Denkmal beim Casino, das dem berühmten Sommergast errichtet wurde. Auch bei Undine Gruenter begegnen wir ihm:

»Die Flaubert-Statue auf dem Square vor dem Casino leuchtet im Zwielicht, der Frack bleiern, sie steht mit dem Rücken zum Wasser, den Blick in eine Zukunft gerichtet, an die er nicht glaubte. ... Ich habe mich immer gewundert, warum diese bleierne Statue, über deren Sockel der Reflex der Wellen zieht, mit dem Rücken zum Wasser steht. Man könnte dies wie ähnliche Phänomene unter dem Begriff: das Phantastische der Realität zusammenfassen. Der große Flaubert sieht in Trouville auf einen Parkplatz und im Winter gestutzte Platanen.«[17]

8. Cabourg

In Prousts Welt – das Grand Hôtel

Lange Zeit ist Marcel Proust jeden Sommer ins **Grand Hôtel** nach **Cabourg** gefahren.

Nach Cabourg kommen wir auf der Küstenstraße von Trouville über Villers-sur-Mer und Houlgate. Cabourg macht den Eindruck einer Feriensiedlung der gehobenen Klasse: schöne, gepflegte Häuser, die nur in der Sommersaison bewohnt sind. Zu den übrigen Jahreszeiten wirkt der Ort ausgestorben. Alle Straßen laufen strahlenförmig auf das Herz des Städtchens zu: das Grand Hôtel an der Strandpromenade. In der Hauptstraße reihen sich Restaurants, Bistros, Läden aneinander, Muscheln und Crêpes werden angeboten. Im Schaufenster der Buchhandlung wird auf den Sommergast hingewiesen, der diesen kleinen Badeort weltberühmt gemacht hat: Marcel Proust.

In seinem Werk *Auf der Suche nach der verlorenen Zeit* hat er der Stadt (die hier den Namen »Balbec« trägt) und dem Grand Hôtel ein Denkmal gesetzt.

Zum ersten Mal kam Proust 1907 nach Cabourg ins Grand Hôtel und kehrte acht Jahre hintereinander in jedem Sommer zurück, bis zum Ausbruch des Ersten Weltkriegs 1914.

Das Grand Hôtel wurde 1906 gebaut und ein Jahr später eröffnet. Es besaß zwei entscheidende technische Neuerungen, die für die Gäste von unermeßlichem Vorteil waren: Zentralheizung und elektrisches Licht. Zweihundert größtenteils mit einem Bad ausgestattete Zimmer standen der Klientel zur Verfügung, ein Lift, ein Spielcasino, Theater, Konzertsaal, auf Strandseite ein Musikpavillon und eine Badeanstalt.

Ende Juli 1907 erfuhr Marcel Proust aus der Zeitung »Le

Figaro« von dieser Neueröffnung. Das Hotel sei, so bemerkte die Zeitung, ein Palast, der die Konkurrenz der großen Luxushotels nicht zu fürchten brauche.
Seit seiner Kindheit litt Proust unter starken Asthma-Anfällen, gegen die es damals kein Medikament gab. Die Ofenheizung mit Rauchentwicklung und Aschestaub verstärkte die Beschwerden, auf dem Land beeinträchtigte ihn der Pollenflug. Weil die jodhaltige Luft am Meer die asthmatische Erkrankung linderte, war Proust als Kind und Jugendlicher oft mit der Mutter oder der Großmutter an die Kanalküste gereist, nach Houlgate, Dieppe, Trouville oder Cabourg. Als Proust also 1907 von der außerordentlichen Ausstattung des neu eröffneten Grand Hôtel las, ließ ihn die Aussicht auf einen geheizten Raum ohne »Nebenwirkungen« nicht zögern. Drei Wochen später traf er in Begleitung seines Kammerdieners in Cabourg ein. Er war sechsunddreißig Jahre alt und schrieb bereits an seinem großen Werk *Auf der Suche nach der verlorenen Zeit*.
Schon im ersten Jahr seines Aufenthalts fand er eine Reihe von Gästen vor, die zu seinen persönlichen Bekanntschaften gehörten. Prousts Gesundheitszustand hatte sich im Jahr davor verschlechtert. Hier, in Cabourg, fühlte er sich zum ersten Mal seit längerer Zeit wieder tatkräftig und unternehmungslustig. Er machte Ausflüge und sah sich Kunststätten an, besuchte Konzerte und ging ins Casino. An den Freund Robert de Montesquiou schreibt er im September 1907:
»Seit ich hier bin, und seit vielen Jahren zum ersten Mal, bin ich fast täglich aufgestanden, habe mich angezogen und bin ausgegangen.«[1]
Kurze Zeit später allerdings berichtet er von »schweren und unaufhörlichen Anfällen« und daß er nach Paris zurückgekommen und »wieder krank geworden« sei.

Im folgenden Sommer zeigt sich Proust unsicher, ob er wieder nach Cabourg reisen soll:
»Über meine eigenen Pläne weiß ich noch nichts Bestimmtes, weil ich im Augenblick, da ich mich schon nahezu für Cabourg entschlossen hatte, erfuhr, daß die Direktion und das Personal des Hotels gewechselt haben, und ich habe überschlagen, daß allein zwei Monate Hotel mich mindestens 9000 Francs kosten würden, und ich finde, daß das selbst für eine Kur zuviel ist.«[2]
Doch er fuhr – trotz der hohen Kosten und seines Gesundheitszustands, der ihn die erste Zeit ans Bett fesselte. In Cabourg ging es ihm erstaunlich schnell besser.
Zwei Jahre später, im Jahr 1910, ereignete sich ein Mißgeschick, das ihn so beeinträchtigte, daß er in einem Brief an Jean-Louis Vaudoyer davon berichtet:
»Sicher sind Sie der erste, der wissen wird, daß ich in Cabourg bin. Ich bin unerwartet abgereist, selbst Reynaldo weiß nichts davon.... Vor meiner Abreise habe ich Ihren Artikel in der ›Revue de Paris‹ gelesen. Ich fand ihn hinreißend, ich würde Ihnen gern darüber schreiben, wenn ich nicht so krank wäre. Mein Gepäck ist nämlich verkehrt aufgegeben worden. Als ich gerädert hier ankam, hat man mir am Bahnhof die Hutkartons einer Dame ausgehändigt, die irrtümlich meine Koffer in die Bretagne entführt hat, und in den vierundzwanzig Stunden, die ich hier bin, konnte ich mich weder ausziehen noch zu Bett legen.«[3]
Die sieben Jahre bis 1914 prägen zwei wesentliche Entwicklungen in Prousts Leben: sein Asthma, die Erschöpfungszustände und seine körperlichen Empfindlichkeiten verstärken sich; und er wird immer mehr zum Einsiedler, widmet sich seinem Werk, an dem er nächtelang arbeitet.
Seinen Briefen ist zu entnehmen, in welch beängstigendem Gesundheitszustand er sich zeitweise befand, trotz der be-

freienden Wirkung der Meerluft, wie er 1911 seinem Sekretär mitteilt:

»Ich hoffe, Sie haben meine Depesche rechtzeitig erhalten und verstanden, daß ich gezwungen war, Hals über Kopf nach Cabourg zu fahren, so daß ich Ihren Brief erst im Augenblick erhielt, als ich Ihnen telegrafierte. ... Ich habe im Gegensatz zu meinen sonstigen Cabourg-Aufenthalten ständige und schreckliche Asthmaanfälle, so daß ich, falls es so weitergeht, zu einer Isolierungskur in La Colline beim Doktor Widmer [am Genfer See] fahren werde.«[4]

Proust änderte seinen Lebens- und Schreibrhythmus auch während der Aufenthalte am Meer nicht. Er arbeitete die Nächte durch bis etwa 6 Uhr früh, um sich dann schlafen zu legen. Und noch eine lebensnotwendige Gewohnheit brachte er mit nach Cabourg: sein Bedürfnis nach absoluter Ruhe. Um sich vor Lärm zu schützen, mietete er drei Zimmer im vierten Stock, der obersten Etage. Von oben wollte er keine Schritte hören, die benachbarten Zimmer mußten frei bleiben. Gegen zwei Uhr nachmittags stand er in der Regel auf und ließ sich einen Kaffee bringen, den ersten einer ganzen Reihe folgender während des Tages. Abends begab er sich manchmal in das angrenzende Casino, das damals mit dem Hotel durch einen Korridor verbunden war. (Aus Brandschutzgründen hat man diesen Korridor geschlossen, so daß das Casino heute nur von außen erreicht werden kann.)

Proust plauderte dort mit Freunden aus Paris, zum Beispiel mit dem Vicomte und der Vicomtesse d'Alton. Die Vicomtesse kannte den neuesten Klatsch und Tratsch aus Pariser Adelskreisen, Stoff, den Proust dann in seine *Recherche* einarbeitete.

Immer öfter jedoch wollte er niemanden sehen, war für niemanden zu sprechen und blieb auf seinem Zimmer. Manchmal warnte er Freunde, sie sollten besser nicht kommen, weil er nicht in der Lage sei, einem Menschen zu begegnen. Oder er ermutigte sie gar, nur dann nach Cabourg zu kommen, wenn sie keinen Wert auf seine Gegenwart legten.

»Heute abend werde ich in Cabourg sein. Wenn Sie dorthin zu Freunden fahren, kommen Sie mich besuchen. Wenn Sie aber dorthin fahren, um Freunde zu besuchen, ohne bei ihnen eingeladen zu sein, würden Sie mir eine wirklich große Freude bereiten, wenn Sie im Grand Hotel wohnen und mein Gast sein würden. Da ich ständig im Bett bleibe und Sie mich folglich fast niemals zu Gesicht bekommen würden, würde es Sie in keiner Weise stören, Ihre Freunde zu besuchen: ich bin ein wenig zeitraubender Gastgeber.«[5]

Monsieur Henriet ist Bürgermeister von Cabourg und Vorsitzender der Marcel-Proust-Gesellschaft. Dank seines Einsatzes sieht das Grand Hôtel noch fast genauso aus wie zu Prousts Zeit. Die Eingangshalle ist vollständig erhalten: mit den Marmorsäulen und den dunkelroten Portieren, den Sesseln, dem Piano und dem Empfangstisch der Rezeption. Der Speisesaal mit der Fensterfront zur Promenade, zum Meer hin, ist mit einer Plakette versehen: »Salon Marcel Proust«. Man kann hinaussehen, aber auch von den Passanten auf der Promenade gesehen werden.

»... im Hotel, wo die elektrischen Lampen den Speisesaal mit Licht überfluteten, so daß dieser zu einem riesigen wunderbaren Aquarium wurde, vor dessen Glaswänden die Arbeiterbevölkerung von Balbec, die Fischer und auch Kleinbürgerfamilien, unsichtbar im Dunkel sich die Nasen plattdrückten, um das sich langsam in goldenem Geplätscher wiegende Luxusleben aller dieser Leute anzuschauen, das für die Armen ebenso merkwürdig wie das von seltsamen Fischen oder Mollusken ist (und die große soziale Frage ist die, ob die Glaswand immer das Fest der Wundertiere

umhegen wird, oder ob nicht die unbekannten Leute, die gierig in der Nacht mit dem Blick etwas zu erhaschen suchen, eines Tages kommen, sie aus dem Aquarium holen und verspeisen werden).«[6]

Noch immer trägt das Geschirr das hellblaue Ornament mit den Initialen des Grand Hôtel. Jeder Tisch wird mit Blüten in passender Farbe geschmückt. Das Personal kümmert sich mit zuvorkommender Aufmerksamkeit um die Gäste. Am Nachmittag kann man ungestört an einem der Tische »mit Aussicht« einen Tee trinken, auch Lindenblütentee. Das wirkliche »Proust-Gefühl« jedoch stellt sich beim Abendessen ein, auch ohne einen die Mahlzeit überwachenden Generaldirektor, dem der Erzähler in der *Recherche* Respekt zollt.

»So einschüchternd für mich auch die Mahlzeiten in dem großen, meist bis auf den letzten Platz gefüllten Speisesaal des Grand-Hôtels bereits waren, wurden sie es doch noch mehr, wenn auf ein paar Tage der Eigentümer (oder der von der Kommanditgesellschaft gewählte Generaldirektor) ... in Balbec erschien. Dann zeigte sich jeden Abend fast zu Beginn des Diners am Eingang des Speisesaals der kleine weißhaarige Mann mit roter Nase und einer außerordentlichen Beherrschtheit des Äußeren und korrekter Sicherheit, der, so schien es, in London so gut wie in Monte Carlo als einer der ersten europäischen Hoteliers bekannt war. ... Außer bei diesen eisigen und seltenen Grußbezeigungen machte er keine Bewegung, wie um zu zeigen, daß seine funkelnden Augen, die ihm aus dem Kopf zu springen schienen, ohnehin alles sähen, alles regelten und dem Diner im Grand-Hôtel die bis ins letzte gehende Vollendung des Details und die Harmonie des Ganzen hinreichend garantierten.«[7]

Für Monsieur Henriet ist das Grand Hôtel wie ein zweites Zuhause. Er führt durch die Räume und erklärt. Der Speisesaal sei zur Promenade hin erweitert worden. Früher schloß die Fensterfront mit dem inneren Raum ab. Prousts Tisch – er bekam immer denselben – befand sich damals direkt am Fenster. Monsieur Henriet kennt auch die Gewohnheiten des berühmten Gastes: Er erschien in der Regel erst gegen 22 Uhr zum Abendessen, später als die anderen Gäste, die gegen 19 Uhr mit dem Diner begannen, und manchmal zu spät für Bedienung und Küche. Aber großzügige Trinkgelder stimmten die Kellner milde und machten sie geneigt, alle Wünsche des zur Unzeit erschienenen Gastes zu erfüllen. Proust hatte nicht nur gesundheitliche Probleme der Atemwege, er war auch ein »heikler Esser«.

»– Mir scheint, Sie essen niemals Austern, sagte Madame de Villeparisis zu uns (und bestärkte dadurch noch meine Abneigung gegen diese Tiere, deren lebendiges Fleisch mir noch widerwärtiger war als die schleimigen Quallen, die mir den Strand von Balbec verleideten), sie sind köstlich an diesem Küstenstrich.«[8]

Proust aß wenig und nur bestimmte Gerichte, in Cabourg oft und gern Seezunge:

»Eine Stunde später im Speisesaal – während wir frühstückten und wie aus einer ledernen Kalebasse ein paar Tropfen goldgelben Zitronensaft auf zwei Seezungen träufelten, von denen auf unseren Tellern bald nur das flatternde, gleich einer Feder gelockte und wie eine Zither summende Gerüst der Gräten übrigblieb ...«[9]

Dazu trank er Wasser, ein wenig Wein und nach der Mahlzeit einen Kaffee. Die aufwendigen Diners, die er in der *Suche nach der verlorenen Zeit* beschreibt, sind Anlässe, die gesellschaftlichen Gepflogenheiten zu beschreiben, und weniger die Wunschträume eines Gourmets.

Das Zimmer Marcel Prousts – es ist allerdings nicht verbürgt, ob es wirklich genau dieses war – hat die Nummer 414, an der Tür ist eine Plakette mit den Worten »Souvenir

Marcel Proust« angebracht. Die Inneneinrichtung stammt aus dem ehemaligen Proust-Zimmer: der Parkettfußboden, der Tisch (mit Kopien von Proust-Briefen unter Glas), der Stuhl, das Bett, der massive, verglaste Bücherschrank, das Waschbecken im Bad und eine Waschschüssel mit Krug. Alles wurde so hergerichtet, wie es der berühmte Gast damals vorgefunden hat. Hier im vierten Stock hat man eine unvergleichliche Sicht aufs Meer. Das Meer ist ruhig und glatt wie ein Spiegel an einem Tag, am nächsten kann es aufgewühlt sein und seine mit Schaumkronen bedeckten Wellen an den Strand werfen.

»... an dem folgenden Morgen, nachdem einer der Hotelbediensteten mich geweckt und mir heißes Wasser gebracht hatte, war es, während ich meine Toilette machte und vergebens die Sachen, die ich brauchte, in einem Koffer suchte, aus dem ich nur in völligem Durcheinander lauter Dinge zog, die mir zu nichts nützten, und ich schon an das Vergnügen des Mittagessens und der Promenade dachte, eine ungeahnte Freude für mich, im Fenster und in den Scheiben vor den Wandregalen wie durch die Bullaugen einer Schiffskajüte das Meer frei daliegen zu sehen, heiter und doch verschattet auf einer Hälfte seiner Weite, die von einer winzigen, beweglichen Linie abgeschlossen wurde, und mit den Augen den Wellen zu folgen, die eine nach der anderen wie Artisten von einem unsichtbaren Sprungbrett schnellten. Unaufhörlich kehrte ich mit meinem steifgestärkten Handtuch, auf dem der Hotelname stand und mit dem ich mich vergebens abzutrocknen versuchte, an das Fenster zurück, um noch einmal einen Blick auf das gleißende, bergig schwellende Rund und die schneeigen Gipfel der stellenweise in durchscheinender Glätte leuchtenden Wogen aus Smaragd zu werfen, die mit gelassener Wucht und löwenhaft gefalteten Stirnen unter dem gesichtslosen Lächeln der Sonne das Niederbrechen und Niederströmen ihrer Hänge vollzogen.«[10]

Das Marcel-Proust-Zimmer ist in der Nebensaison für 236 Euro pro Nacht zu mieten und kann, wenn es gerade nicht bewohnt ist, besichtigt werden.

Die Promenade ist nach ihm benannt, und es sind Gedenktafeln angebracht mit Texten aus der *Suche nach der verlorenen Zeit*. Auf der Promenade oder am Strand kann man in Richtung Westen gehen bis zu einem bewachsenen Felsvorsprung. Kleine Cafés laden im Sommer zum Rasten ein, einen Musikpavillon wie zu Prousts Zeiten sucht man jedoch vergeblich.

»Es war die Stunde, da Damen und Herren täglich ihren Spaziergang auf der Mole machten, dem unerbittlichen Blitzen des Stiellorgnons ausgesetzt, das, als hätten sie irgendeinen Makel an sich, den sie in den kleinsten Einzelheiten zu untersuchen vorhabe, die Frau des Gerichtspräsidenten auf sie richtete, die stolz vor dem Musikpavillon inmitten jener gefürchteten Stuhlreihe thronte: dort, wo jene andern selbst gleich darauf, aus Schauspielern nunmehr zu Kritikern geworden, sich niederlassen würden, um ihrerseits die Vorüberwallenden intensiv zu mustern. Alle diese Leute, die über die Mole dahinzogen, schlingerten, als befänden sie sich an Deck eines Schiffes.«[11]

Daß Proust nicht nur aus pragmatischen gesundheitlichen Erwägungen immer wieder an die Kanalküste reiste, zeigt dieser Text über das Meer:

»Das Meer wird immer diejenigen faszinieren, die sich, bevor sie noch den ersten Kummer erleben, vom Leben angewidert und vom Mysterium angezogen fühlen, als Vorahnung, daß die Wirklichkeit sie nicht werde befriedigen können. Sie, die der Ruhe bedürfen, bevor sie noch jemals Mühsal erfahren haben, das Meer wird sie trösten, wird sie

in dunkle Erregung versetzen. Es trägt nicht wie die Erde die Spuren der Werke der Menschen und des menschlichen Lebens. Nichts hat in ihm Bestand, alles durchzieht es nur flüchtig, und wie schnell verschwindet doch die Schaumspur der Schiffe, die es durchkreuzen! Daher rührt jene große Reinheit des Meeres, die den Dingen der Erde fehlt.«[12]
In Cabourg nahm sich Marcel Proust schon bei seinem ersten Aufenthalt 1907 einen Chauffeur. So lernte er den damals achtzehnjährigen Alfred Agostinelli kennen, der ihn im Automobil zu verschiedenen Zielen fuhr und den er in »Tage im Automobil« mit den Worten beschrieb:
»Mein Chauffeur hatte einen weiten Gummimantel übergezogen und eine Art Kapuze aufgesetzt, die ihn, während wir immer rascher durch die Nacht fuhren, einem Pilger oder eher einer Nonne der Geschwindigkeit ähnlich machte.«[13]
Diese Ausflüge führten Proust zu den bedeutenden Kathedralen der Normandie, für die er ein leidenschaftliches Interesse zeigte: nach Lisieux, wo Agostinelli, da es schon Nacht geworden war, die Fassade der Kathedrale mit den Auto-

Proust und Agostinelli, um 1907

scheinwerfern anleuchtete, nach Caen und zur Kathedrale von Bayeux, die dann in *Auf der Suche nach der verlorenen Zeit* aufgrund ihres »etwas orientalisch anmutenden« Dekors im Hauptschiff zur Kathedrale mit dem »persischen Kirchenportal« von Balbec wurde.

»Ich sagte mir: hier ist es, hier ist die Kirche von Balbec. Dieser Platz, der so aussieht, als kenne er seinen Ruhm, ist der einzige Ort der Welt, der die Kirche von Balbec besitzt. Was ich bislang gesehen habe, waren Photographien von dieser Kirche oder Abgüsse dieser berühmten Apostel und der hl. Jungfrau des Portals. Jetzt aber habe ich die Kirche selbst vor mir, dies ist das Bildwerk, dies sind sie; sie und nur diese hier, die Einmaligen, das ist noch viel mehr.«[14]

Es lohnt sich, von Cabourg aus einen kurzen Ausflug nach **Dives-sur-Mer** zu machen, in die benachbarte Stadt, die Proust gern besuchte. Er hat sich die **Kirche Notre-Dame** in Dives angesehen und gelegentlich in einem alten Gasthaus aus dem 16. Jahrhundert mit dem Namen »Guillaume le Conquérant« (»Wilhelm der Eroberer«) gegessen. Der Cidre soll hier besonders gut gewesen sein. Im Hof des alten Gasthauses sind heute Geschäfte mit Kunst und Kunsthandwerk untergebracht.

Die Kirche Notre-Dame de Dives wurde mehrfach zerstört und wieder aufgebaut. Von Dives aus, damals ein bekannter Pilgerort, ist Wilhelm 1066 mit seiner Armee zur Eroberung Englands aufgebrochen. Als er nach gewonnener Schlacht zurückkam, stiftete er dem Ort eine neue Kirche. Das Gebäude sieht heute etwas verwahrlost und verfallen aus, die Glasmalerei eines Fensters wurde zerstört und nicht restauriert, man kann sehr deutlich das Zusammengestückelte, den Stilmix aus verschiedenen Jahrhunderten erkennen. Dennoch strahlt diese Kirche in ihrer Fragilität eine besondere Atmosphäre aus.

9. Le Mesnil-au-Grain

Alain und Catherine Robbe-Grillet – Schloßbesitzer

Dieser Ausflug aufs Land führt uns zu dem Schriftsteller und Filmemacher Alain Robbe-Grillet und seiner Frau Catherine. »Aufs Land« im wahrsten Sinne des Wortes, denn diese Region lebt von der Agrikultur: kilometerweite Getreidefelder, Mais, Kartoffeln, unterbrochen von Hecken. Deshalb heißt sie Le Bocage: Landschaft mit Hecken.

Das Schriftstellerpaar lebt, wenn es sich nicht gerade in Paris aufhält, auf dem Schloß **Le Mesnil-au-Grain.**

Wir erreichen Le Mesnil-au-Grain über die Autobahn A13 bis Caen, auf der Périphérique um Caen herum, dann die A 84 in Richtung Mont-Saint-Michel bis zur Ausfahrt Villers-Bocage, von dort die D 6 bis Aunay-sur-Odon, dann links auf die D 8, kurz hinter Le Mesnil-au-Grain ein kleines Sträßchen, die D 121 rechts. Gleich das erste große Tor ist der Eingang zum Schloß. Sie lassen am besten das Auto stehen und laufen zu Fuß um das Anwesen herum. Nebenan ist ein Bauernhof.

Das Schloß ist für Besucher nicht geöffnet, aber vom vorderen Teil des Parks läßt sich ein Blick darauf werfen.

Im Zweiten Weltkrieg war die Gegend um »Le Bocage« Angriffspunkt für Bombardements seitens der Amerikaner und Engländer, und auch das Schloß in Le Mesnil-au-Grain war in den Krieg verwickelt, es wurde von den Deutschen als Hospital genutzt. Alle umliegenden Orte wurden 1944 von den Alliierten im Kampf gegen die Deutschen bombardiert und vollkommen in Schutt und Asche gelegt: Aunay-sur-Odon, Villers-Bocage, Saint-Martin-des-Besaces waren von der Landkarte verschwunden. In Saint-Martin-des-Besaces gibt das Museum »La Percée du Bocage« einen Einblick in

diese dunkle Seite der Geschichte und zeigt auch die Widerstandsbewegung, die an der Befreiung und am Wiederaufbau maßgeblich beteiligt war. Das Städtchen Aunay-sur-Odon wurde innerhalb von drei Jahren komplett neu gebaut. Alte normannische Prachtbauten sind hier nicht zu erwarten, es überwiegt eine nüchterne, praktische Nachkriegsarchitektur.
Um zu dem Museum nach St-Martin-des-Besaces zu kommen, fahren Sie vom Schloß nach Aunay-sur-Odon zurück, dann die D 54, kurz vor der Autobahnbrücke links abbiegen in die D 675 bis St-Martin-des-Besaces.

Le Mesnil-au-Grain

Zwei Kieswege führen vom Eingangstor zum Schloß. Sie umschließen kreisförmig den vorderen Teil des Parks. Hinter den Bäumen scheint das Schloß auf, schlicht und anmutig, ohne Ornamente, Parterre, erster Stock und ein Dachgeschoß, grau mit weißen Fensterläden, gepflegt. »Ein Frauen-Schloß«, wie Catherine Robbe-Grillet es bezeichnet. Hortensienbüsche an der Fassade und eine Laterne über der Eingangstür.
Kein Landhaus, kein Herrenhaus, ein Schloß sollte es sein, als Alain und Catherine Robbe-Grillet im Jahr 1960 auf der Suche nach einem Zweitwohnsitz auf dem Land waren. Er wollte mehr Ruhe zum Arbeiten, weg aus der Pariser Hektik, sie wollte ihren Traum von der Schloßherrin verwirklichen. 1963 kauften sie Le Mesnil-au-Grain, ohne selbst die finanziellen Mittel zu haben. Der damalige Verleger der Éditions Minuit, des Verlags von Alain Robbe-Grillet, gab den Eheleuten ein zinsloses Darlehen im Vertrauen auf die Fähigkeiten des jungen Mannes, der sich auf dem Gebiet der Literatur gerade erst einen Namen machte. Und damit hatte der Verleger ein gutes Gespür bewiesen, sein Schütz-

ling machte Karriere, die Bücher verkauften sich. Mit der neuen literarischen Strömung des »Nouveau Roman« wurde Alain Robbe-Grillet zu einem Trendsetter, sein Roman *Der Augenzeuge* von 1955 setzte neue Maßstäbe in der Literatur, sein Film *Letztes Jahr in Marienbad* zählte zur Avantgarde des Kinos. Das Darlehen konnten die Robbe-Grillets früher als geplant abzahlen. In den 60er Jahren war so ein Anwesen im Vergleich zu heute günstig, sagt Catherine Robbe-Grillet, teuer hingegen seien die Kosten für die Unterhaltung und Instandsetzung des Gebäudes.
Viel Zeit, viel Arbeit, viel Geld und viel Liebe haben beide in das Anwesen gesteckt. Die meisten Werke von Alain Robbe-Grillet sind hier entstanden, und oft bezieht er den Ort des Entstehens in seine Texte ein. Le Mesnil-au-Grain ist aus dem Leben und aus den Romanen des Schriftstellers nicht wegzudenken, zum Beispiel wenn er beschreibt, wie er ungeduldig auf die Ankunft seiner Frau im Schloß wartet.
»Ich bin seit einigen Tagen allein in Mesnil; ich erwarte ungeduldig ihre für denselben Abend versprochene Ankunft. Endlich kommt sie, wie immer sehr spät in der Nacht. Ich weiß nicht, was ich tun soll, um ihre Rückkehr zu feiern, trotz des sichtlichen Ärgers, den ihr das Geständnis meiner grundlosen Sorgen bereitet: wenn ich so einen ganzen Abend auf sie warte und aus einem Fenster im ersten Stock nach den Scheinwerfern ihres Wagens zwischen den Bäumen am Eingang des Parks spähe, stelle ich mir jedesmal wieder vor, daß sie unterwegs verschwunden ist, daß ihr, ich weiß nicht, was, zugestoßen ist, genau wie einst Mama, wenn ich nach dem angekündigten oder von ihr ausgerechneten Zeitpunkt nach Hause kam. Und da fällt mir, durch eine ungeschickte Bewegung beim Öffnen eines Schranks oder weil zufällig irgendwelche Dinge unglücklich stehen, ein als Lampe dienender durchsichtiger Glasballon herun-

ter, der in einer Ecke auf dem Kirschbaumbüffet der Küche steht. Die zerbrechliche Kugel zerspringt auf den Fliesen in tausend Stücke. Catherine stößt den Schrei eines verwundeten Vogels aus und sagt im Ton ungläubigen Flehens: ›O nein!‹ In der Stille, die folgt, betrachtet sie einen Augenblick regungslos das Desaster zu ihren Füßen; dann bückt sie sich langsam und hebt sachte einige der größten scharfkantigen, traumhaft dünnen Scherben auf, als könnte es noch eine Hoffnung geben, sie wieder zusammenzukleben. Doch bald läßt sie sie entmutigt wieder fallen, um mit ganz kleiner Stimme diesen Satz auszusprechen, der so trostlos ist wie ein für immer verlorenes Glück: ›Das war wie eine dicke blaue Seifenblase ...‹ Es war nichts besonders Wertvolles, nur eine alte handgeblasene Flasche von früher, die sie, obwohl die schützende Korbhülle fehlte, wie durch ein Wunder heil im Keller gefunden hatte, als sie nach dem Tod ihrer Großmutter das Häuschen von Bourg-la-Reine aufräumte. Aber ich wußte, daß sie sehr daran hing – vielleicht wie an einer Erinnerung aus der Kinderzeit – wegen dieser außerordentlichen Zartheit des Glases und seiner sehr leichten bläulichen Tönung, während die meisten jener alten Korbflaschen doch aus gröberem Material und von grünlicher Farbe sind.
Nun denn, es ist nicht wiedergutzumachen. Mit all meiner tröstenden Macht nehme ich Catherine in den Arm. Ich weiß wohl, daß ihr das überhaupt nicht hilft. In der Nacht mit dem nun schalen Nachgeschmack lege ich die Scherben des Glasballons ehrfürchtig in das Grab einer Pappschachtel, als Muster (sage ich, um ein Alibi zu haben), das heißt, in der Hoffnung – wer weiß, eines Tages bei irgendeinem Trödler auf dem Land eine ganz ähnliche mit genau der gleichen himmelblauen Schattierung aufzutreiben. Aber bis jetzt habe ich noch nichts gefunden.«[1]
Das Gebäude stammt aus dem 17. Jahrhundert und gehörte

einer reichen Adelsfamilie, den Colaincourts, die im Norden Frankreichs weite Güter besaßen und das Mesnil-au-Grain als Jagdschloß nutzten, dem fünf Bauernhöfe angeschlossen waren. Der Marquis de Colaincourt wurde von Napoleon für seine Verdienste für das Empire zum Herzog ernannt. Bis 1925 blieb das Schloß im Familienbesitz.

Die Eingangstür führt in ein Vorzimmer, von dem eine gewundene Treppe mit schmiedeeisernem Geländer in den oberen Stock führt. In der Ecke eine cognacfarbene Chaiselongue. Vier Zimmer im Erdgeschoß und eine große Küche, vier Zimmer im ersten Stock und eine Mansarde. Bereits 1920 wurde das Schloß mit einem gewissen Komfort ausgestattet: Badezimmer, fließendes Wasser, Toiletten, Strom. Das wurde mit der Zeit modernen Standards angepaßt.

Möbliert haben es die Robbe-Grillets nach und nach, mit Erbstücken aus ihren Familien und Ankäufen von Möbeln aus der Region.

Rechts geht es in den Salon: weiße Wände mit goldenen Ornamenten. Die Einrichtung ist schlicht gehalten, ein paar Sessel, eine Couch, persönliche Gegenstände, von Reisen Mitgebrachtes. Einige Details hat die Hausherrin selbst entworfen und in Auftrag gegeben, die verspiegelten Wandschränke zum Beispiel. Die Spiegel sind so angebracht, daß im Winter die untergehende Sonne reflektiert wird und daß das Tageslicht in dem nach Westen liegenden Raum, das von drei Seiten hereinkommt, auch von der vierten zu kommen scheint. Den großen Kamin beheizt Catherine Robbe-Grillet jeden Abend, auch im Sommer. Es ist so still, daß das Knacken des brennenden Holzes im Kamin und das Plätschern des

Wassers draußen, wenn es über eine kleine Treppe rinnt, die einzigen vernehmbaren Geräusche sind.
Jedes Schloß hat sein Geheimnis. Auch dieses. Gehütet wird es von der Schloßherrin. Das Blaubart-Zimmer, das »geheime Zimmer«, wie Catherine Robbe-Grillet es nennt, birgt Erinnerungen. Hier in Mesnil-au-Grain, wie auch in Paris an ausgewählten Orten, hat sie zusammen mit Freunden sado-masochistische Inszenierungen veranstaltet. Unter dem Pseudonym »Jeanne de Berg« schrieb sie über diese »Zeremonien« ein Buch, *Cérémonie de Femmes* (*Die Frau*), das in Frankreich fast einen Skandal auslöste. Bei einem Fernsehinterview trat sie mit einem Schleier vor dem Gesicht auf. Später hat sie ihre wahre Identität preisgegeben. Sie bekannte sich zu ihrer Neigung, die viel mit Spiel und Inszenierung zu tun hat und immer, wie sie betont, eine Übereinkunft der Beteiligten voraussetzt.
Die Inszenierungen bereitet Catherine Robbe-Grillet genauestens vor, und sie tritt als Zeremonienmeisterin auf.
»Ich fühle mich als Regisseurin. Ich komme ja auch vom Theater, ich war Schauspielerin. Und wenn ich die Szene betrete, bin ich eine andere, übernehme ich eine Rolle. Ich spiele diese Rolle nicht – ich bin sie. Alles andere wäre lächerlich. Und nur weil von mir in diesem Moment eine Kraft ausgeht, ist die Zeremonie möglich. Natürlich, Dekor, Kostüme sind wichtig. Aber es geht notfalls auch ohne. Das Wesentliche ist der Kopf.«[2]
Auch im Schloß, in Mesnil-au-Grain, haben solche Zeremonien stattgefunden. Die Requisiten sind verpackt, weggeräumt, ruhen am Boden einer Kiste im geheimen Zimmer.
»Es wäre nun an der Zeit, ein bißchen Ordnung zu machen, die Dinge, die mir bei meinen Ritualen dienlich sind, zu sichten, diverse Papiere, Bündel von Souvenirs, Erinnerungs-

stücke, die sich angesammelt haben im Lauf der Jahre. Es wäre an der Zeit, die Begleiter der Lust zu ordnen, Perlen, Bänder, Fächer, Masken, Armreifen, Hundehalsbänder, Stahlfesseln, geflochtene Peitschen, dünne Reitgerten, Lederriemen, Gelenkmanschetten und anderes, das verschlossen in einer schwarzen Holzkiste aus vergangener Zeit wartet, bis es wieder gebraucht wird; es wäre an der Zeit, die Berge durchsichtiger Wäsche zu sortieren, Spitzen, zerrissene Stoffe, aufgeschlitzte Hemden, Seidenstrümpfe und Boas, ein graues Dienstmädchenkleid, all das ruht am Boden eines großen Überseekoffers aus Kampferholz, den ein Vorfahre, ein Seemann der Königlichen Marine, auf der Rückreise einer Expedition nach Tongking aus Indochina mitgebracht hat; es ist ein exotischer Koffer, dessen Holz immer noch das Zimmer mit seinem Duft erfüllt, das so genannte ›geheime Zimmer‹ im Dachstuhl des Schlosses, in dem ich mich jetzt aufhalte, allein; ich sehe durch ein Dachfenster auf die Allee mit den alten Linden, deren welke Blätter vom Wind über die gekräuselte Oberfläche der Teiche getrieben werden, sich in einem Winkel sammeln, vermodern und auf den unsichtbaren Grund sinken, wo die Karpfen schlafen; ich betrachte weiter rechts auf dem runden Bassin die Spiegelung der letzten milden Strahlen einer Sonne, die sich vor den Herbststürmen davongestohlen hat, und die große Rasenfläche mit den Buchsbaumkugeln, wo eine von der Natur geschaffene Aushöhlung es einem wendigen Diener erlaubt, auf allen vieren hineinzukriechen und bis zur Hälfte darin zu verschwinden, um Beine und Gesäß einem jeden anzubieten, der seine Dominanz daran erproben möchte. Diese Aufgabe wird andernfalls von den harten, spitzen Härchen der länglichen Blätter eines daneben stehenden Dolden-Strauches mit großer Wirksamkeit übernommen, wovon ich mich erst kürzlich überzeugen konnte.

Dieses alte, stille Gebäude, umgeben von einem Park mit jahrhundertealten Bäumen, das jedem galanten Roman eine ideale Umgebung böte, ist wie geschaffen für erotische Inszenierungen, die ich als Schloßherrin und Liebhaberin des Mythos vom ›einsamen Schloß und der grausamen Dame‹ hier mit einigen Auserwählten für intime Freunde organisiert habe, Inszenierungen, in denen die große Steintreppe einen Ehrenplatz einnahm.«[3]

Das »geheime Zimmer« bleibt geheim und wird nicht gezeigt, wohl aber die große Steintreppe hinter dem Haus, die auf einen Kiesweg in den Park hineinführt.

Den dunklen Teil seiner Geschichte erlebte das Schloß während des Krieges, den es nur mit Glück unzerstört überstanden hat.

Im Krieg wurden das Schloß und der benachbarte Bauernhof von der deutschen Luftwaffe okkupiert, die Soldaten waren im Bauernhof untergebracht, die Offiziere im Schloß. Als im Juni 1944 die Amerikaner in der Normandie landeten, rückten die Deutschen mit ihrer Division »Das Reich« an; es kam zu heftigen Kämpfen. Das Schloß diente den Deutschen als Krankenhaus für die verwundeten Soldaten. Auf dem Dach wehte die Fahne des Roten Kreuzes. Im vorderen Park wurde ein kleiner Friedhof angelegt, um die verstorbenen Soldaten zu bestatten. In den 50er Jahren wurden alle hier Begrabenen auf den deutschen Militär-Friedhof La Cambe bei Bayeux umgebettet. Erst in den 80er Jahren erfuhren die Robbe-Grillets von diesem Teil der Geschichte, als ein Minibus mit einigen Deutschen vorfuhr, die ein altes Foto von einem Friedhof zeigten. Einer der Männer suchte das Grab seines Bruders, der hier beim Schloß beerdigt worden war. Er hatte eine Karte von seinem Bruder dabei, offenbar aus dem Krankenhaus geschrieben, in dem er eine Beschreibung des Ortes gab. Es war die Nachbarin vom Bauernhof, die sich an die Ereignisse während der Kriegszeit erinnerte.

Der Park

Wenn Catherine Robbe-Grillet durch den Park führt, weist sie als erstes auf die Lücken hin. Da, wo jetzt nichts ist als Rasen, wo ein paar junge Bäume, gerade mal fünf Jahre alt, ihre Äste strecken, standen einmal 200 Jahre alte Baumriesen mit mindestens zwei Meter Durchmesser. Das Drama ereignete sich zum Jahreswechsel 1999/2000. Ein Orkan knickte die Riesen wie Streichhölzer, glücklicherweise blieb das Haus weitgehend verschont. Nur ein kleiner Teil des Dachs wurde beschädigt, das dank einer gründlichen Restaurierung des Dachstuhls in einem exzellenten Zustand war und schnell repariert werden konnte. Aber der Park und die Wasserbassins waren so verwüstet, daß es vier, fünf Jahre dauerte, bis alle Schäden beseitigt und neue Pflanzen gesetzt waren. Man glaubt es kaum, sagt Catherine Robbe-Grillet, aber Bäume sterben nicht gleich, sie treiben noch in ihrer Agonie, solange sie noch Saft haben, treiben sie.
Der Orkan war in einer Art Korridor über das Land gezogen, und Le Mesnil-au-Grain lag genau in seiner Schneise. Für Alain Robbe-Grillet, der sich zu dem Zeitpunkt im Schloß aufhielt, waren diese Tage ein Albtraum. Wäre er einem ersten Impuls gefolgt, hätte er das Anwesen sofort verkauft. Seine Frau überredete ihn, es nicht zu tun. Mit Erfolg. Er verarbeitete die dramatischen Ereignisse und das erlittene Trauma in dem Roman *Die Wiederholung*:
»Links und rechts von diesem großen Mahagonitisch ... lasse ich die Läden der drei Fenster, die, im Süden, im Norden und im Westen, auf den Park hinausgehen, jetzt den ganzen Tag geschlossen, um das finstere Desaster nicht mehr zu sehen, in dem ich seit dem Orkan lebe, der kurz nach Weih-

nachten die Normandie verwüstet und damit das Ende des Jahrhunderts und den mythischen Übergang ins Jahr 2000 auf gewiß unvergeßliche Weise markiert hat. Die schöne Anordnung des Laubwerks, der Wasserbecken und Rasenflächen ist einem Alptraum gewichen, aus dem man nicht erwachen kann und neben dem die historischen Schäden – wie man damals sagte – jenes Wirbelsturms von 1987 ... lächerlich erscheinen. Es wird diesmal Monate, wenn nicht Jahre, brauchen, allein um die Hunderte von riesigen zerschmetterten Baumstämmen wegzuräumen, die ein unentwirrbares Knäuel bilden (und die mit so viel Liebe gepflegten jungen Bäume erdrücken), und die gewaltigen ausgerissenen Baumstümpfe zu beseitigen, die gähnende Löcher im Boden hinterlassen wie von den Bomben eines unglaublichen Blitzkriegs, der kaum eine halbe Stunde gedauert haben wird.«[4]
Auch der erwähnte Sturm vom Oktober 1987 ist in die Literatur eingegangen, in Alain Robbe-Grillets Roman *Corinthes letzte Tage*. Damals hielt er sich gerade in den USA in Saint Louis als Gastprofessor auf, während seine Frau allein war in Le Mesnil-au-Grain.
»Catherine, die allein dort war, umzingelt vom die Finsternis erschütternden Schwarm der Dschinns, hat mich angerufen, als sie das grauenhafte Krachen der umstürzenden Bäume rings um das alte Haus zu hören begann. Nachdem sie, erschöpft vor Angst, in der plötzlich wieder eingekehrten Ruhe hatte einschlafen können, ist sie morgens mitten im Desaster aufgewacht: mindestens dreißig sehr große Eichen, Hainbuchen, verschiedene Ahornbäume, riesige Eschen lagen in einem alptraumartigen Durcheinander kreuz und quer herum mit abgebrochenen Ästen, zerschmetterten Stämmen, ausgerissenen Stümpfen. ...
Verschont geblieben waren wunderbarerweise inmitten des Massakers, direkt am Rand einer der Hauptschneisen des

Orkans, die zerbrechliche, schon moosbewachsene Marmorstatue, die Angélique darstellt, wie sie mit einer allzu sinnlichen Geste der Scham ihr Gesicht verbirgt, sowie der Brunnen aus Granit, in dem sie ihr Bad nehmen wollte. Ihre erhobenen Arme, die gebeugten Ellbogen vor den Augen, scheinen jetzt ihr zartes Antlitz vor den noch stehenden Bäumen schützen zu wollen, die sich über sie neigen.«[5]

Hinter dem Wasserbassin steht sie, die schöne Angélique, und hat wunderbarerweise auch den zweiten, verheerenderen Orkan unverletzt überstanden. Vor welcher Scham sie ihr Gesicht mit dem Arm bedeckt, bleibt ihr Geheimnis.

Zwei Quellen speisen die beiden Wasserbassins, die unterirdisch miteinander verbunden sind. Wasserrosen, Lilien am Ufer und ein kleines Holzboot an einer Anlegestelle verleihen dem kleinen See eine japanische Note. Ab und zu läßt sich ein Karpfen an der Wasseroberfläche blicken. Zwischen den Bassins führt die Linden-Allee bis weit in den hinteren Teil des Parks. Auch hier hat der Sturm gewütet und einen Teil der alten Linden abgeknickt. Linker Hand ein Rosengarten, ein Obstgarten mit Apfel-, Pfirsich-, Kirschbäumen, und ein alter Bauern-Gemüsegarten mit Kartoffeln, Tomaten, Bohnen, Zucchini, Gurken.

Das Glashaus mit den Kakteen, denen die besondere Liebe Alain Robbe-Grillets galt, ist heute ein Bild des Jammers. Gelbe, braune, trockene Pflanzen kränkeln vor sich hin. Bakterien und Milben machen sich an den Sukkulenten zu schaffen. Immer noch kümmert sich der Besitzer, der, bevor er Schriftsteller wurde, als Agronom arbeitete, um die desolaten Pflanzen. Eine Pracht muß die Sammlung einst gewesen sein, wie auf einem älteren Foto zu erkennen ist. Alain Robbe-Grillet hat sich hier einen Kindheitstraum erfüllt. Selbst aus den USA brachte er einige seltene Exemplare mit: »eine Schar stachliger, fleischiger Topfpflanzen, ›Sukkulen-

ten‹ genannt, die in ihrer Mehrzahl den Gattungen melocactus und parodia angehören und mir von einem liebenswürdigen Spezialisten des Botanischen Gartens geschenkt wurden; im Winter sollen sie sich zu ihren weniger seltenen Vettern gesellen, die ordentlich aufgereiht im normannischen Gewächshaus stehen, wo ich meinen alten Kindheitstraum zu verwirklichen suche: eine Kakteensammlung.«[6]

Wir kommen schließlich zu einem kleinen quadratischen, geschlossenen Garten (le clos), umgeben von einer Mauer, mit einem Apfelbaum, einer amerikanischen Eiche, Rasen und einer Bank. Ein Ort der Muße, zum Lesen, zum Denken, ein geschützter Ort.

Zwar ist das Schloß der Robbe-Grillets nicht zu besichtigen, wohl aber zu »erlesen«. In einem seiner Romane berichtet Alain Robbe-Grillet von zwei merkwürdigen, fast mystischen Erlebnissen, die ihm an diesem Ort widerfahren sind. Oder war es doch nur ein Traum?

»Es kommt auch vor, daß ein unleugbar wahrgenommenes Bild so flüchtig und gleichzeitig so unwahrscheinlich war, daß man sofort an seiner Wahrheit zweifelt. Kaum ein paar

Jahre später erscheint es als reine Traumvision, die nur überdauert hat, weil man sie oft erzählt hat, die jedoch mit der Zeit immer unglaubhafter, immer unwirklicher, romanhafter geworden ist.
Es ist wieder mitten im Winter ... in Le Mesnil. Es hat auch diesmal einen Teil der Nacht geschneit. Als ich am Morgen die Fensterläden der Küche an der Nordseite, das heißt zum englischen Garten hin, aufmache (um meinen Tee zu kochen), sehe ich vor mir auf der weitläufigen, ganz weißen Rasenfläche in ungefähr zehn Meter Entfernung ein riesiges schwarzes Wildschwein, einen alten Keiler, reglos und fast im Profil, der mich ohne Zweifel mit seinem rechten Auge anstarrt.
Er muß nur fünf oder sechs Sekunden stehengeblieben sein; dennoch kann ich mich nicht erinnern, gesehen zu haben, daß er wegging oder auch nur die mindeste Bewegung andeutete. Doch kaum später folgen wir dank der im wenig tiefen Schnee ganz deutlichen gespaltenen Trittsiegel mühelos seiner Fährte. Und der zu Hilfe geeilte benachbarte Bauer bestätigt mir, daß es sich tatsächlich um ein Tier (ein Schwein, sagt er) von außerordentlicher Größe handelt. Um aus dem Anwesen auf die Straße zu kommen, hat das mächtige Tier (das bekanntlich nicht zimperlich ist) eine Dornenhecke kleingemacht und den Zaun aus vierfachem Stacheldraht samt den Betonpfosten mitgenommen. Dann ist es ganz einfach verschwunden.
Ein wenig später empfangen wir Freunde, die ein paar Tage bei uns verbringen sollen. Es ist die Woche direkt vor Ostern, da die ›nach Rom gegangenen‹ Glocken in der Klanglandschaft fehlen. Das Wetter ist äußerst mild, und die Narzissen neigen ihre Blütenkronen in creme- und orangegefarbenen, zitronengelben und lachsrosa Tönen über das Wasser des oberen Bassins.

Mitten in der Nacht erschüttert ein gewaltiger Donnerschlag das ganze alte Gemäuer, ohne daß man im geringsten das Herannahen eines Gewitters bemerkt hätte. Im langen gekachelten Flur des ersten Stocks gehen nacheinander die Türen der verschiedenen Zimmer auf. Unsere Gäste, aus dem Schlaf aufgeschreckt wie Catherine und ich, die wir jeder einen gesonderten Raum haben, kommen ein bißchen benommen heraus und machen sich nicht einmal die Mühe zu verbergen, wer bei wem geschlafen hat. Durch die drei Fenster, die nach Norden gehen und deren Läden offen geblieben waren, sehen wir mit Verblüffung im übernatürlichen Licht eines Kataklysmus den Park ganz weiß von bereits dickem Schnee, von dem am Vorabend noch nichts zu sehen und zu ahnen war. Und die schweren dichten Flocken fallen weiter, regelmäßig, langsam, senkrecht, während sich kein Lüftchen regt.

Man hört heftiges Glockengeläute, vor allem tiefe Töne, so deutlich, daß es aus der unmittelbaren Umgebung zu kommen scheint. Ist es die Sturmglocke? Oder die verfluchte Messe, die der Abt von La Croix-Jugan am Jahrestag seiner Ermordung in der Heide von Lessay in der Finsternis zelebriert hat? Die nächste Kirche, die durch einen langen Privatweg mit dem Schloß verbunden ist, erbaut wie dieses im gleichen Jahr, in dem die Pensées von Pascal erscheinen, liegt einen Kilometer entfernt. Sie ist seit ewigen Zeiten geschlossen.

Ein einziges Mal im Jahr, an einem Sonntag im Sommer, findet ein Gottesdienst statt, und für dieses integrative Fest unseres kleinen Dorfes kommt extra der Priester eines größeren Kirchspiels. Mit dem unheimlichen nächtlichen Geläute in dieser Weltuntergangsatmosphäre hat sie also nichts zu tun. Keiner von uns versteigt sich zu unnötigen Kommentaren, nur einige phatische Worte fallen, mit denen die

Beunruhigtesten sich versichern, daß sie nicht träumen. Mitunter, wenn wir unsere verwirrten Blicke von dem ungewöhnlichen Schauspiel draußen abwenden, sehen wir uns verblüfft an, im Dunkeln, denn durch den Blitz hat sich der elektrische Sicherungsautomat abgeschaltet.
Nach einer gewissen, unmöglich zu bestimmenden Zeit scheint sich der Radau aber endlich zu entfernen. Allmählich gehen alle wieder ins Bett. Der Schwarm der Dschinns ist vorübergezogen. Am nächsten Morgen stehe ich früh auf und schalte den Strom wieder ein, denn das Gewitter (genauso schnell vorbei wie es aufgezogen war) bedeutet keine Gefahr mehr für die empfindlichen Apparate, die den ersten Schlag gut überstanden haben. Der Schnee draußen ist ganz geschmolzen. Es ist immer noch genauso mild. In den Bauernhöfen der Nachbarschaft hat niemand Glocken gehört in dieser Nacht.«[7]

Château du Mesnil-Geoffroy – ein Zimmer im Schloß

Wenn Sie durch die Beschreibung des Anwesens der Robbe-Grillets Lust bekommen haben, ein Schloß zu besichtigen oder vielleicht einmal in einem zwar nicht königlichen, aber doch gräflichen Bett zu schlafen, dann sollten Sie den Besuch eines bezaubernden Schlosses erwägen, das Gästezimmer anbietet. Es liegt im nordöstlichen Teil der Normandie zwischen Dieppe und Fécamp, bei Ermenouville, ungefähr fünfzig Kilometer von Rouen entfernt, und heißt Le Mesnil-Geoffroy. Es ähnelt ein bißchen dem der Robbe-Grillets, ist nur ein wenig größer, besitzt zwei kleine Seitenflügel, ein oberes Stockwerk und eine Mansarde. Aus dem Dach ragen die hohen Schornsteine der Kamine. Der elegante Backsteinbau aus dem 17. und 18. Jahrhundert hat noch eine beson-

dere Attraktion zu bieten: den von Colinet, einem Mitarbeiter des berühmten Versailler Gartenarchitekten Le Nôtre, entworfenen Park mit einem Labyrinth und einem phantastischen Rosengarten. Seine Pläne sind erhalten geblieben, so daß der heutige Garten den Skizzen getreu wieder angelegt werden konnte. Der vor sieben Jahren neu gepflanzte Rosengarten ist mit 2500 Rosenstöcken der größte private in der Normandie.
Die Geschichte des Gebäudes begann 1640, als ein gewisser Sire de la Heuze den mittleren Teil vom jetzigen Ensemble errichten ließ. Seine Tochter heiratete in die Rouener Adelsfamilie de Bellegarde ein. Ein Nachkomme, ein bekannter Rouener Abgeordneter, erweiterte im Jahr 1746 den Landsitz um die beiden Seitenflügel. Der Stadtsitz der Bellegarde in Rouen beherbergt heute das Keramikmuseum. Im Mesnil-Geoffroy ist die gesamte Inneneinrichtung ohne nennenswerte Eingriffe seit 250 Jahren erhalten geblieben. Man befindet sich in einem Ambiente des vorrevolutionären 18. Jahrhunderts: die Wanddekoration, die Spiegel, Sessel, Tische, Kronleuchter, die Statuen und Kommoden, die Uhren und vor allem einige schöne Gemälde, alles ist aus der Zeit des Louis XV. So möblierte der Adel im 18. Jahrhundert seine Landschlösser. Der damalige Besitzer, der viel auf die Moden am Königshof gab, richtete als einer der ersten eine »salle à manger« ein, einen Salon, in dem man aß; davon zeugt ein Ofen aus Fayencen. Während der Revolutionszeit blieb das Schloß von den Unruhen in Rouen verschont. Es diente Angehörigen des Klerus als Versteck vor den revolutionären Garden. Im zweiten Stock – davon kann man sich heute noch überzeugen – ist hinter der Wandtäfelung eine durchaus komfortable, mit einem Sessel ausgestattete Geheimnische versteckt, in der der Priester wartete, bis das Glöckchen klingelte, das den Abzug revolutionärer Truppen

oder sonstiger Gefahr verkündete. Am Ende des 18. Jahrhunderts ging Mesnil-Geoffroy durch eine glücklich gefügte Heirat in den Besitz der Familie Montmorency-Luxembourg über, die 2000 Hektar Land wurden auf mehrere Kommunen verteilt. Als 1850 dieser Vorgang rückgängig gemacht wurde, weil die Kommunen zusammengelegt wurden, fiel dem damaligen Besitzer, dem Grafen von Robien, zu seinem großen Leidwesen die ganze Steuerlast zu.

Wenigstens zwei Begegnungen mit Schriftstellern hat das Schloß auch vorzuweisen. Als Victor Hugo sich einmal im nahe gelegenen Veules-les-Roses am Meer aufhielt, führte ihn sein Weg eines Tages am Schloßgarten vorbei. Es war heiß, er hatte Durst, und eine Erfrischung wäre ihm gelegen gewesen. Sein Blick fiel auf einen Mann, der, einen alten Strohhut auf dem Kopf, dabei war, eine Allee zu harken, und er bat ihn um ein Glas Wasser. Der Gärtner unterbrach seine Arbeit, holte dem durstigen Wanderer etwas zu trinken und bot ihm auch noch etwas Gebäck an. Mit einem »Danke, guter Mann«, verabschiedete sich der Dichter. Einige Tage später überkam ihn anläßlich eines Empfangs große Scham, als er nämlich dem Sohn des Schloßbesitzers vorgestellt wurde, der natürlich niemand anderer als der »Gärtner« war. Der Graf wird dem großen Dichter den Irrtum nicht übelgenommen haben, sonst hätte Hugo diese Geschichte vermutlich für sich behalten.

Der zweite Literat, der sich mehrmals im Mesnil-Geoffroy aufgehalten hat, ist ein Schriftsteller des 20. Jahrhunderts: Antoine de Saint-Exupéry, der Autor von *Nachtflug* und *Der kleine Prinz*.

Heute steht das Schloß unter Denkmalschutz, gehört zu den »Monuments historiques«. Die Eigentümer, Monsieur und Madame Kayali, haben das Gebäude zu einem »chambre d'hôte«, einem Gästehaus gemacht. Der Gast hat die Wahl zwischen dem Zimmer der Marquise, der Baronin oder des Herzogs. Die Interieurs der Schlafzimmer könnten einem Roman von Choderlos de Laclos entsprungen sein ... »Gefährliche Liebschaften« und Kakao im silbernen Kännchen serviert.

10. St.-Sauveur-le-Vicomte und Valognes

Jules Amédée Barbey-d'Aurevilly – der diabolische Dandy

Hier im Cotentin, dem rauheren, windigeren und regnerischeren Teil der Normandie, ist Jules Amédée Barbey-d'Aurevilly geboren, der in Deutschland hauptsächlich durch seine Erzählungen *Diabolische Geschichten* und seinen Essay über den Dandy bekannt wurde. Und hierher, obwohl längst in Paris lebend, kehrte er immer gern zurück, nach **St.-Sauveur-le-Vicomte**, seinem Geburtsort, und ins elf Kilometer entfernte **Valognes**, wo er als Heranwachsender das lycée besuchte.

»Ich bin in der Provinz aufgewachsen, und zwar im väterlichen Hause. Mein Vater wohnte in einem Marktflecken, der sich lässig, die Füße im Wasser, längs einer Bergkette hinzieht, in einer Gegend, die ich nicht näher bezeichnen will, und nahe einer Kleinstadt, die Sie leicht erkennen werden, wenn ich sage, daß sie die am tiefsten und am leidenschaftlichsten adelsstolze Stadt Frankreichs ist oder zumindest in der damaligen Zeit gewesen ist. Ich habe seither nichts Ähnliches wieder zu sehen bekommen.«[1]

In Valognes wurde er von seinem Onkel Pontas du Méril, Arzt und Bürgermeister des Ortes, ins gesellschaftliche Leben eingeführt. Dieser von Barbey-d'Aurevilly sehr geschätzte Onkel hat ihm als Vorbild zur Figur des Arztes Doktor Torty, Materialist und Voltaire-Anhänger, in der Erzählung *Glück im Verbrechen* gedient. In der Beschreibung dieser Figur kommt der Stil des homme de lettre zur Geltung, seine Vorliebe für subtile Ironie, Witz und Sarkasmus menschlichen Schwächen gegenüber.

»Letztes Jahr ging ich mit Doktor Torty, einem meiner ältesten Bekannten, an einem Herbstmorgen im Jardin des Plantes spazieren. Während meiner Kindheit hatte Doktor Torty seine Praxis in der Stadt V... ausgeübt. ... Er war einer jener kühnen, unerschrockenen Geister, die die Dinge nicht mit Glacéhandschuhen anzufassen pflegen, weil er dem guten sprichwörtlich gewordenen Grundsatz huldigte, daß ›ein Kater ohne Krallen keine Mäuse fängt‹; er hatte schon eine Unzahl gefangen, und er wollte noch viel mehr fangen, dieser schlaue, starkrassige Kater; er war ein Mensch, wie er mir in besonderem Maße zusagt, und ich glaube (ich kenne mich!), daß das zumal um derjenigen Seiten willen der Fall ist, die die andern nicht mögen. Wirklich,

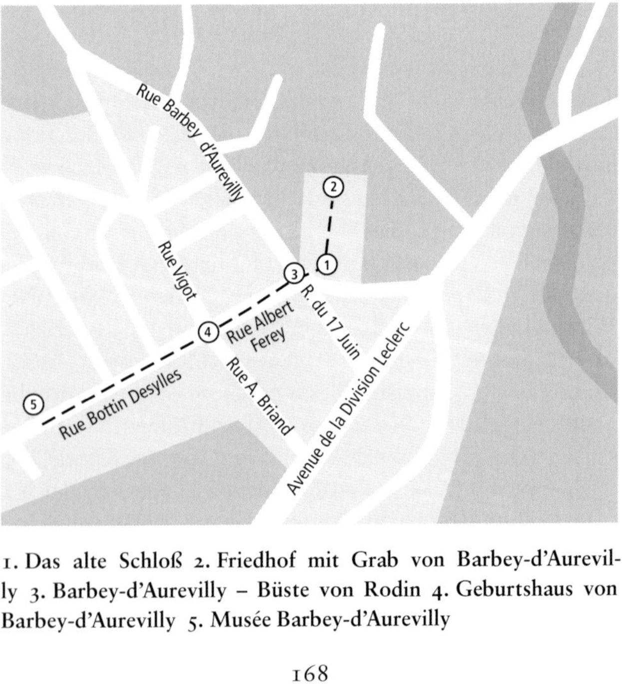

1. Das alte Schloß 2. Friedhof mit Grab von Barbey-d'Aurevilly 3. Barbey-d'Aurevilly – Büste von Rodin 4. Geburtshaus von Barbey-d'Aurevilly 5. Musée Barbey-d'Aurevilly

der Doktor Torty, dieses rauhbeinige Original, war bei den andern im allgemeinen recht unbeliebt, solange sie nämlich gesund waren; aber auch die, die ihn am wenigsten mochten, machten ihm, wenn sie krank waren, tiefe Verbeugungen, wie die Wilden es vor dem Gewehr Robinsons taten, das sie töten konnte; nicht aus den gleichen Gründen wie die Wilden, sondern aus genau den gegenteiligen: er konnte sie heilen! Ohne diese entscheidende Erwägung hätte der Doktor schwerlich ein Einkommen von zwanzigtausend Livres in einer kleinen aristokratischen Stadt gehabt, die bigott und prüde war und die ihn sicherlich zur Tür hinausgeworfen haben würde, wenn sie sich lediglich um seine Meinungen und Abneigungen gekümmert hätte. Er wußte das übrigens ganz genau, und er machte kaltblütig darüber seine Witze. Während der dreißig Jahre seiner Praxis in V... sagte er oftmals spöttisch: ›Es blieb ihnen keine andere Wahl als zwischen mir und der letzten Ölung, und so fromm sie auch waren: sie nahmen dann doch lieber mich als das heilige Öl.‹ Wie Sie sehen, genierte sich der Doktor kein bißchen. Seine Scherze rührten hart an die Grenze des Lästerlichen.«[2]

Barbey-d'Aurevilly entzieht sich jeder literarischen oder politischen Zuordnung, er liebte die geistreiche Unterhaltung, wird mal als christlicher Freigeist, mal als einsamer Exzentriker bezeichnet. Am treffendsten nennt man ihn vielleicht einen unzeitgemäßen Dandy, der sich »das aristokratische Vergnügen zu mißfallen« auf die Fahnen geschrieben hatte.

Die erste Station unserer Spaziergänge ist Barbey-d'Aurevillys Geburtsort **St.-Sauveur-le-Vicomte**. Dem adligen Namen Rechnung tragend, beginnen wir den Rundgang im alten **Schloß mit seinen Befestigungsanlagen** und dem donjon (Bergfried). Das imposante burgartige Gemäuer stammt aus dem 12. Jahrhundert und spielte im Hundertjährigen

Krieg eine zentrale Rolle. Die Herzöge der Normandie hatten hier im Mittelalter ihren Sitz. »Baron« nannte man die Adligen, die direkt dem König unterstellt waren. Der bekannteste Herrscher von Saint-Sauveur im Mittelalter war Godefroy d'Harcourt. Er rebellierte 1346 gegen seinen König, Philippe von Valois, und schlug sich auf die Seite der feindlichen Engländer. Das führte dazu, daß Eduard III., König von England, in der Normandie Fuß fassen konnte und das Schloß neunzehn Jahre lang von den Engländern besetzt war. Danach blieb es unbewohnt bis 1450, als sich die Herrscher des Cotentin erneut hier niederließen. Auf dem Schloßgelände wurde eine große Benediktiner-Abtei gegründet. Ende des 17. Jahrhunderts ließ Louis XIV. eine Herberge für Pilger und Reisende einrichten, die von den Geistlichen betrieben wurde.

Zur Zeit Barbey-d'Aurevillys wurden nicht nur Pilger in diesem Hospiz aufgenommen, sondern auch Arme, Waisen, Witwen, die ihren Lebensunterhalt nicht bestreiten konnten.

Jules Barbey d'Aurevillys jüngerer Bruder Léon, der Priester war, stand später dem Hospiz vor. Mit dem Bruder verband ihn eine Nähe und Vertrautheit, trotz der zunächst unterschiedlichen politischen und religiösen Standpunkte. Jules verbarg sein Mißfallen nicht, als Léon in den Priesterstand trat. Später hat er seine Meinungen bezüglich Kirche und Adel revidiert.

Von dem Verhältnis zu seinem Bruder zeugt eine Art Tagebuch, *Memorandum pour l'Ange Blanc*, das zu dem Persönlichsten gehört, was Barbey-d'Aurevilly hinterlassen hat. Er schrieb es 1864, als er nach fünfzehnjähriger Abwesenheit wieder nach St.-Sauveur-le-Vicomte zurückkam. Darin schildert er einen Besuch mit seinem Bruder Léon in dem Hospiz. »Mit Léon bin ich zur Abtei gegangen, wo er mir Skulpturen gezeigt hat von einem Mann aus Saint-Sauveur, der nie die Bildhauerkunst gelernt hat, dem aber Gott die Gabe dazu geschenkt hat. Keiner der modernen Künstler in Paris hätte je solche Skulpturen fertiggebracht und fertigbringen können. Aus ihnen lodert ein religiöses und mönchisches Gefühl von tiefer Schlichtheit, und man spürt wohl, daß dieser ungebildete Mann, ein Arbeiter, der nicht schreiben kann und nichts gelernt hat, in sich die katholische Seele des Mittelalters trägt, und daß er – aufgrund der Ignoranz seiner Zeit und der tiefen Ehrlichkeit seines Glaubens – verspätet geradewegs aus dem Himmel des Mittelalters gefallen ist. Was für ein Glück für ihn, daß er unwissend und fromm ist und nichts anderes gesehen hat als ein paar Bilder in Kirchen der Umgebung. Dieser erstaunliche Mann hat, wie die Künstler im Mittelalter, sein Leben der Abtei Saint-Sauveur geschenkt, die er nach dem alten Entwurf wiedererstehen läßt, und das allein aufgrund einer genauen Betrachtung der Ruinen.«[3]

Im Schatten dieses Schlosses und der Abtei ist Jules Amédée Barbey-d'Aurevilly aufgewachsen, inspiriert vom Geist des Mittelalters, den diese Gemäuer ausstrahlten. Sein wiederholt bekundetes Interesse für das Mittelalter, sein Faible für das Unheimliche, Düstere, die Hexerei und den Wahn mögen an diesem Ort seinen Ursprung haben.

Kaum jemand weiß, daß Jules Amédée Barbey-d'Aurevilly auf dem kleinen **Friedhof** hinter dem Schloß begraben ist. Gestorben ist er am 23. April 1889 in Paris und wurde dort auf dem Friedhof Montparnasse beerdigt. Daß seine Gebeine 1926 nach St.-Sauveur-le-Vicomte gebracht wurden und ihm an diesem Ort eine Grabstätte errichtet wurde, verdankt er indirekt seinem Bruder Léon, der, wie schon erwähnt, Vorsteher des Hospizes war. Denn dieser Friedhof war den Angehörigen der Abtei vorbehalten. Mit Jules Barbey-d'Aurevilly machte man eine Ausnahme. Die Gräber der beiden Brüder liegen nebeneinander.

Man erreicht den Friedhof über den Schloßinnenhof und den Durchgang an der hinteren Mauer. Dann geht es einen Hang hinunter, und man steht auf dem mit Büschen und einer niedrigen Mauer umgebenen Areal.

Auf dem stillen, versteckten Friedhof sind kleine, graue namenlose Kreuze aufgereiht. In den anonymen Gräbern ruhen die Geistlichen, die im Hospiz der Abtei ihren Dienst an den Armen versahen.

Das Grab Barbey-d'Aurevillys fällt auf durch seine Größe. Es ist bedeckt mit einer Kalksteinplatte, in die der Name und das Geburts- und Sterbedatum eingemeißelt sind, sowie das Familienwappen, das aus zwei Fischen, zwei Barben (der Name Barbey leitet sich von »barbeau« ab), besteht, hinzugefügt wurde ein mittelalterlicher Ritterhelm. Der obere Teil des Grabes ist umgeben von einem schwarzen Eisengitter. Oft steckt ein frischer Blumenstrauß im Gitterwerk, Ausdruck der Bewunderung eines Besuchers für den homme de lettres des 19. Jahrhunderts.

Die Abtei wurde durch das Bombardement der Amerikaner im Zweiten Weltkrieg völlig zerstört. Auf dem Friedhof wird seitdem niemand mehr beerdigt.

Wir gehen zurück zum Schloß und verlassen das Areal durch das vordere Tor, überqueren den Parkplatz und wenden uns an der Straße nach rechts. Auf dem kleinen Platz unmittelbar vor dem Schloß steht eine **Skulptur** des berühmten Schriftstellers, gefertigt von keinem Geringeren als Auguste Rodin. In Auftrag gegeben wurde sie 1908 zu Barbey-d'Aurevillys hundertstem Geburtstag von der Gesellschaft der Freunde Barbey-d'Aurevillys. Die Gesellschaft versuchte, die nötigen Mittel für den Erwerb der Skulptur durch eine Sammlung zusammenzubekommen, konnte aber die Summe nicht beschaffen. Rodin stellte die Büste trotzdem her. Der Abbildung des Gesichts zugrunde lag die Totenmaske des in Paris Verstorbenen, bei der Darstellung von Haltung und Ausdruck nahm sich der Bildhauer künstlerische Freiheiten. Mit dieser Pose, mit dem über die Mundwinkel heruntergezogenen Schnurrbart und dem Blick von oben herab, traf er sehr präzise das Dandyhafte und den Snobismus des berühmten Sohnes der Stadt St.-Sauveur-le-Vicomte.

Wir folgen der Straße, die in das Städtchen hineinführt, und halten an dem ersten Platz, der place Ernest Legrand, in deren Mitte ein Brunnen steht. In dem Haus gegenüber hat Jules Amédée Barbey-d'Aurevilly das Licht der Welt erblickt, auf ungewöhnliche und abenteuerliche Weise. Wir müssen uns mit der Fassade des stattlichen Gebäudes aus dem 18. Jahrhundert begnügen.
Hätte ein Spaziergänger am 2. November 1808 zu den Fenstern im Erdgeschoß hineingesehen, wäre sein Blick auf eine Runde adliger Damen und Herren beim Kartenspiel gefallen. Flackernde Kerzen erleuchteten den Salon. Stimmen, Gelächter und Seufzer drangen nach außen. Eine der Damen war hochschwanger.
»Ich bin an einem düsteren und eisigen Wintertag zur Welt gekommen, am Tag der Klagen und Tränen, am Tag, da die Toten, deren Namen er trägt, prophezeien, daß alles zu Staub wird.«[4]

Barbey-d'Aurevilly hat die Geschichte selbst so gern und oft erzählt, daß sie in seine Biographie eingegangen ist. Sie war nach seinem Geschmack und geeignet, das Leben von seinem Anfang her zu deuten. Was immer sich später ereignen sollte, was immer das Schicksal ihm beschied, es konnte auf die Umstände seiner Geburt zurückgeführt werden.

Die Geburt fand nicht im elterlichen Hause statt, sondern in dem des Großonkels, des Chevalier de Montressel, an der place Ernest Legrand, die früher place de Fruitier hieß. Barbey-d'Aurevillys Mutter, eine leidenschaftliche Whistspielerin, hatte sich noch kurz vor der Niederkunft dorthin begeben, um eine Partie zu spielen. Sie mußte das Spiel unterbrechen, als die Wehen einsetzten und sie ihren Sohn Jules Amédée gebar. Es war der 2. November 1808, ein stürmischer Totensonntag. Diesem fatalen Datum wird der Autor später zuschreiben, daß er die Welt, dessen Licht er gerade erst erblickt hatte, fast sofort wieder verlassen hätte. Das Neugeborene, heißt es, habe Blut verloren, und es sei einer Freundin der Mutter, einer Mitspielerin, zu verdanken gewesen, daß das Kind am Leben erhalten wurde. Insofern hat die Whistpartie, die ihn fast das junge Leben gekostet hätte, ihm ebendieses auch gerettet.

Dem Whistspiel blieb Barbey-d'Aurevilly verbunden. Während seiner Jugendzeit hatte er genug Zeit und Gelegenheit, die gesellschaftlichen Gepflogenheiten der adligen Herrschaften unter die Lupe zu nehmen. Das Whistspiel sei das einzige ausschweifende Vergnügen der Damen und Herren in den Salons gewesen, schrieb er, der ein glänzender Beobachter war. Über das langweilige Leben des Provinzadels, der sich selbst überlebt hatte, lesen wir in der Erzählung *Hintergründe einer Whist-Partie*. Die Hintergründe allerdings sind keineswegs langweilig.

In einem Salon in Paris unterhält ein Erzähler, der seine Jugend in der Provinz verbracht hat, die anwesende Gesellschaft mit einer Geschichte. Sie beginnt bei einer Partie Whist. »Das einzige in dieser seltsamen Gesellschaft, wo die jungen Mädchen in ihren hellen, ungetrübten Seelen die Langeweile von Achtzigjährigen bargen, was, ich möchte nicht sagen: die Züge der Leidenschaft trug, wohl aber Ähnlichkeit mit einer inneren Regung, einem Verlangen, der Intensität einer starken Empfindung hatte, war das Spiel, die letzte Leidenschaft verbrauchter Seelen. Das Spiel war das Beherrschende für die altmodischen Adligen, die da meinten, sie lebten als Grandseigneurs, während sie müßig dahinsiechten wie blinde alte Frauen.«[5]

Es ist eine böse, eine teuflische Geschichte, die der Erzähler zum besten gibt. Eine Gräfin, die als leidenschaftslos und undurchdringlich gilt, trifft beim Spiel auf einen Mann, der ihr Leben und ihren Tod schicksalhaft bestimmen soll.

»Die vierte Teilnehmerin dieser Partie, die Gräfin de Stasseville, so hat mein Verwandter noch gesagt, verlor ihr Geld mit jener aristokratischen Gleichgültigkeit, die all ihr Tun bestimmte. Vielleicht war es diese Whistpartie, die ihr Schicksal dort entschied, wo alle Schicksale ihren Ursprung haben. Wer begreift auch nur ein einziges Wort von diesem Lebensgeheimnis? Damals hatte niemand ein Interesse daran, die Gräfin zu beobachten. Der Salon wurde durch nichts als durch das Klappern der Spielmarken und das Klatschen der Karten belebt. Sicher wäre es merkwürdig gewesen, an dieser Frau, die damals für ein glattes, scharfkantiges Eisstück gehalten wurde, festzustellen, ob das, was man seither von ihr geglaubt und leise und voller Entsetzen immer wieder erzählt, in jenem Augenblick begonnen hat.«[6]

Alles in der Geschichte wird nur angedeutet, nichts aufgelöst, und es bleibt der Schar der Zuhörer (und den Lesern) überlassen, ihre eigenen Schlüsse zu ziehen.

Wir lassen die adlige Gesellschaft an diesem 2. November 1808 im Hause des Chevalier de Montressel ihr Spiel fortsetzen und begeben uns an den Ort, wohin der neugeborene Knabe gebracht wurde und wo er, wäre es mit rechten Dingen zugegangen, hätte geboren werden sollen: ins elterliche und großelterliche Haus, das heutige **Musée Barbey-d'Aurevilly**.

Wir folgen der **rue Bottin-Desylles** fast bis zum Ende und kommen auf der rechten Straßenseite zu einem langgestreckten, gelblichen, einstöckigen Gebäude mit einer Hinweistafel. Der Großvater mütterlicherseits, Louis Hector Amédée Ango, ein hoher Verwaltungsbeamter in vorrevolutionärer Zeit, kaufte das herrschaftliche Anwesen 1770. Die Revolution nahm ihm Amt und Macht. Er soll die letzten zehn Jahre seines Lebens stumm durch die Flure seines Hauses gelaufen sein, die Hände auf dem Rücken verschränkt. Wie der Großvater fühlten sich die Adligen in der Provinz zur Untätigkeit und zum Nichtstun verdammt und erstarrten in der Pose des ennui. Sie verschanzten sich hinter den Mauern ihrer Paläste.

In dieser bedrückenden gesellschaftlichen Atmosphäre wuchs Jules Amédée auf – und spürte die Mechanismen von Haß und Neid einerseits und natürlicher Arroganz andererseits, die sich zwischen den neuen Machthabern des Bürgertums und dem historisch überlebten Adel abspielten.

»Hier war die trennende Kluft zwischen dem, was adlig, und dem, was bürgerlich war, so tief, so scharfgezogen, so unüberschreitbar, daß ein Zusammenstoß zwischen dem Adel und dem Bürgertum unmöglich war.

Denn schließlich bedarf es zu einem Zusammenstoß eines gemeinsamen Gebiets und widerstreitender Interessen, und eben das gab es hier nicht. In den Herzenstiefen dieser Bürger, deren Väter noch ›bei Tisch bedient hatten‹, in den Köp-

fen dieser Söhne von Bedienten, die frei und reich geworden waren, goren Kloaken von Haß und Neid, und aus diesen Kloaken stiegen oft Gestank und üble Geräusche auf und schwollen gegen die Adligen an, die jene, seit sie ihre Livreen ausgezogen, so völlig aus ihrem Gesichtskreis verbannt hatten.
Aber all das gelangte nicht an die Patrizier heran, die sich in die Festungen ihrer Stadthäuser zurückgezogen hatten und sie nur für ihresgleichen auftaten; denn für sie endete alles Leben mit der Grenze ihrer Kaste. Was ging es sie an, was über sie geredet wurde und was niedriger war als sie? Sie hörten es nicht.«[7]

Achtzehn Jahre verbrachte er im elterlichen Haus, bevor er 1827 aufs *collège* nach Paris geschickt wurde. Erinnern wird er sich später an die Geschichten der Großmutter, die Kinderspiele im Garten, das Angeln an der Ouve, an Ausflüge aufs Land und Unterrichtsstunden bei einem Geistlichen.

Hinter dem Haus ist noch ein Teil des Gartens erhalten, in dem Jules Amédée einst mit seinen beiden Brüdern gespielt hat.

Wir steigen die Treppe nach oben, um ins Museum eingelassen zu werden. Gesammelt und ausgestellt sind hier Manuskripte, Buchausgaben, Briefe, Bilder, Zeichnungen, alles von dem und über den exzentrischen Dandy – berühmt waren seine taillierten Gehröcke, die mit Fischbein verstärkten, an Korsetts erinnernden Westen, die mit schwarzem Samt oder rotem Satin gefütterten Capes und Umhänge. Er verfaßte auch einen Essay über das Dandytum.

»Das Dandytum ist beinahe genauso schwierig zu beschreiben wie zu definieren. Menschen, die nur das Vordergründigste sehen, haben geglaubt, es sei vor allem die Kunst, sich gut anzuziehen, eine kühne und geglückte Diktatur in Sachen Putz und äußere Eleganz. Gewiß ist es das auch; aber es ist noch viel mehr. Das Dandytum ist eine ganze Art zu sein, und zwar nicht nur im Bereich des Sichtbaren. Es ist eine ganz aus Nuancen bestehende Art zu sein, wie man sie in alten und hochzivilisierten Gesellschaften findet, in denen die Komödie selten ist und der Anstand gerade noch über die Langeweile triumphiert.«[8]

In dem sogenannten »blauen Zimmer« sehen wir Barbey-d'Aurevilly als Wachsfigur in tatsächlicher Größe, angetan mit seiner üblichen Kleidung. Seinen Stil mit der stark taillierten Jacke aus den 30er Jahren des 19. Jahrhunderts hat er beibehalten, auch als diese Mode schon längst passé war. »Je älter man wird, desto mehr muß man sich rausputzen«, schrieb er in einem Brief. Sein Äußeres hatte manchmal etwas Geckenhaftes bis Lächerliches, seine Manieren allerdings blieben bis ins hohe Alter ohne Fehl und Tadel. Edmont de Goncourt erinnert sich in seinem Tagebuch:

»Er ist in einen Gehrock gekleidet, dessen Schöße seine Hüften verbreitern, als sei darunter eine Krinoline, und trägt eine Hose aus weißer Wolle, bei der es sich anscheinend um eine Flanell-Unterhose mit Fußriemen handelt. In diesem lächerlichen und päderastischen Kostüm steckt ein Herr mit exzellenten Manieren, der seine Worte flötet wie jemand, der es gewohnt ist, mit Frauen zu sprechen.«[9]

Das »blaue Zimmer« bewohnte zu Kinderzeiten von Jules Amedée die Großmutter. Das Bett stammt zwar aus der Empire-Zeit, aber es ist nicht das Original. Die Möbel der Familie sind verlorengegangen. Über dem Bett ein Portrait des Schriftstellers in seinen Vierzigerjahren. Bei späteren Besuchen im Haus der Familie, als Barbey-d'Aurevilly schon in Paris lebte, hat er in diesem Zimmer geschlafen. Nicht so im Jahr 1864, als er während eines Aufenthaltes das *Memorandum* schrieb, da logierte er im »gelben Zimmer«.

»In diesem Jahr wohne ich nicht im blauen Zimmer meiner

Großmutter, das ist für Léon, sondern im gelben Zimmer, das ich vor meinem Eintritt ins collège hatte; ein hoher Eichenschrank, der bis zu den Deckenbalken reicht, Bücher auf allen Regalen, eine Menge Zeichnungen von Léon, über dem Kaminspiegel eine Landschaft von Ménilgrand, ein großes Bett mit roten Vorhängen.«[10]

Als die Stadt Saint-Sauveur-le-Vicomte zum 100. Todestag von Barbey-d'Aurevilly 1989 beschloß, in seinem Geburtshaus ein Museum einzurichten, wurde alles nach Skizzen und Notizen rekonstruiert: die Aufteilung der Zimmer, der Fußboden, die Tapeten und die Möblierung. Man wollte die Atmosphäre des Gebäudes wiederherstellen.

Wenn man das Glück hat, sich ganz allein in den Räumen aufzuhalten, umgeben von den Portraits und den Erinnerungsstücken, wenn man spürt, wie die dicken Mauern die Geräusche dämpfen, dann kann die Vorstellung aufkommen, welch unendliche Stille hier geherrscht haben mag, wenn der Schriftsteller des Nachts am erlöschenden Kaminfeuer saß.

»Ich bin aufgeblieben und allein im Haus. Die Diener habe ich schlafen geschickt. Das Kaminfeuer im Salon geht langsam aus. Man hört keine Fliege surren, nicht einmal die kleinen kaum vernehmbaren Fliegen, die zuweilen kommen und sich am Licht verbrennen. Ich habe nie und nirgends sonst eine solche Stille gefühlt. – Damals in meiner Kindheit kamen des Nachts die Kohlenarbeiter aus dem Wald und sangen oder ließen ihre Peitschen von oben auf die Schellen-Pferde knallen; aber jetzt – nichts. Die Stille, die große Stille, tiefer noch als die der Wälder, denn die Wälder murmeln. Ich bin in meiner Melancholie vernarrt in dieses Gefühl.«[11]

Valognes

Wir lassen das Elternhaus und die Geburtstadt Barbey-d'Aurevillys hinter uns und fahren elf Kilometer nach Norden in das Provinzstädtchen Valognes, das im 17. und 18. Jahrhundert so reich an Stadtpalais (Hôtels genannt) und kleinen Schlössern war, daß es das »Versailles normand«, das »normannische Versailles« genannt wurde. Eleganz und Finesse sagte man den Adligen nach, die hier ansässig waren. Vor der Revolution galt es als besonders königstreu, danach als besonders dekadent, weil die adligen Familien den neuen Machthabern nicht den nötigen Respekt zollten. Nicht umsonst bezeichnete es Barbey-d'Aurevilly als die »am tiefsten und am leidenschaftlichsten adelsstolze Stadt Frankreichs« oder auch die »Stadt der Gespenster«.

Viel ist von dem architektonischen Reichtum des 18. Jahrhunderts nicht übriggeblieben. Die Bombardements der Amerikaner im Zweiten Weltkrieg haben den größten Teil von Valognes, wie viele andere Städte dieser Region, zerstört. Die wenigen erhalten gebliebenen historischen Gebäude, die sorgfältig gepflegt werden, bilden einen Kontrast zur prosaischen Nachkriegsarchitektur.

Der Spaziergang durch die Stadt führt zu drei Gebäuden, die im Leben von Jules Amédée Barbey-d'Aurevilly eine Rolle gespielt haben. Das Haus des Arztes du Méril, des Onkels, in dem er seine Jugendjahre verbrachte, in dem er in der Bibliothek die Literatur und im Zusammensein mit der Cousine Ernestine erste Gefühlsregungen entdeckte, gehört nicht dazu. Es wurde im Krieg zerbombt.

Wir besuchen zunächst das **Hôtel de Beaumont**. Von der place du Château (hier kann man das Auto abstellen) gehen wir über die place Vicq-d'Azir in die rue Officialité und stoßen dann auf die rue du Petit Versailles. An der Ecke, 11 rue Barbey-d'Aurevilly, liegt das schönste und größte der frühe-

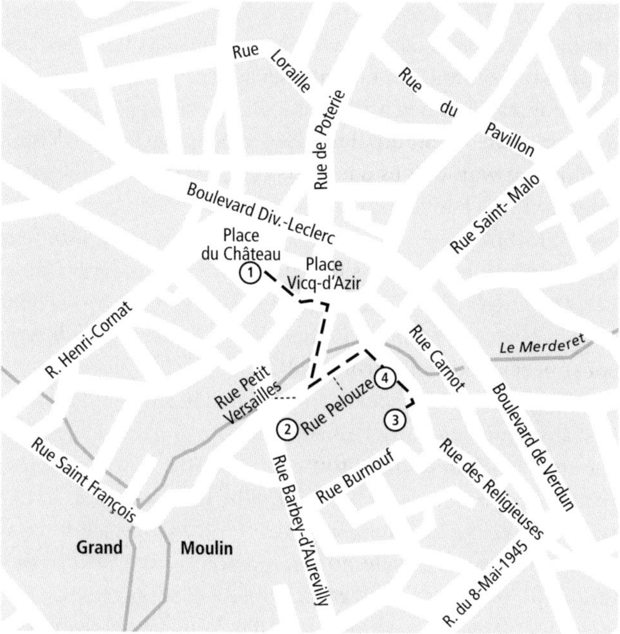

1. Place du Château (Parkplatz) 2. Hôtel de Beaumont 3. Hôtel Grandval-Caligny 4. Hôtel du Louvre

ren Adelspalais, das Hôtel de Beaumont. Es ist als einziges zu besichtigen. Erbaut wurde es 1767, also in vorrevolutionärer Zeit. Die klassizistische Fassade aus grauem Quaderstein hat eine Länge von fünfzig Metern. Der Eingang wölbt sich pavillonartig und wird umrahmt und gestützt von Säulen, darüber erhebt sich ein kleiner Balkon. Der Rundgang umfaßt im Erdgeschoß den Speisesaal, den Salon und die Bibliothek mit Mobiliar aus der Epoche von Louis XV und Louis XVI. Im ersten Stock sind ein Kinderzimmer und ein Schlafzimmer zu besichtigen, das mit den entsprechenden

Utensilien wie Waschschüssel oder Nachttopf ausgestattet ist. Im Untergeschoß sind die Küche und das Zimmer der Bediensteten. In den wenigen Gebäuden, die im Krieg verschont blieben, scheint die Zeit stehengeblieben zu sein. So, wie wir es heute vor Augen haben, sah es aus, als der Gymnasiast Jules Amédée in die adlige Gesellschaft von Valognes eingeführt wurde.

Das Stadtbild hat sich allerdings vollkommen gewandelt. Während Valognes um die Mitte des 19. Jahrhunderts einem Besucher wie nach einem hundertjährigen Dornröschenschlaf erscheinen mußte, ist heute eine Spurensuche nötig, um das wenige Erhaltene zu finden.

Als sich Barbey-d'Aurevilly 1864 im elterlichen Haus in St.-Sauveur-le-Vicomte aufhielt, begab er sich an einem Sonntagnachmittag nach Valognes und spazierte durch die Straßen der Stadt, die er längere Zeit nicht gesehen hatte. Seine Eindrücke hielt er fest.

»Es gibt immer noch dieses grandiose *comme il faut* in dieser Stadt. Sie wird aristokratisch bleiben, solange noch ein Stein der Gebäude steht, die der Adel zu seinen Glanzzeiten errichtet hat. Aber die Aristokratie selbst, wo ist sie? Ich habe nur ein paar Grüppchen von Kammerzofen mit weißen Schürzen gesehen, die auf dem Trottoir standen, lachten und mit Valogner Akzent plauderten. Ich hörte in zwei oder drei der Palais die Glocke zum Abendessen läuten.«[13]

Wir setzen unseren Spaziergang fort, begeben uns durch die rue Pelouze zur rue des Religieuses. Hier liegen dicht beieinander das **Hôtel Grandval-Caligny** (32, rue des Religieuses) und das **Hôtel du Louvre** (28, rue des Religieuses), letzteres ist bis heute ein Hotel mit einem vorzüglichen Restaurant.

Im Hôtel Grandval-Caligny, ebenfalls im 18. Jahrhundert errichtet, hatte Barbey-d'Aurevilly in den 60er Jahren des 19. Jahrhunderts eine Wohnung gemietet. Hierher zog er

sich aus Paris zurück, hier schrieb er sein wohl bekanntestes Werk, die *Diabolischen Geschichten*. Wir gehen in den gepflasterten Innenhof hinein und stehen vor dem Palais, das mit seinen grauen Steinen und weißen Fensterrahmen fast ein wenig schlicht aussieht, wäre da nicht noch eine begrünte und bepflanzte Terrasse. Es ist heute in Privatbesitz. Auch der Garten hinter dem Gebäude, in dem Barbey-d'Aurevilly mit Leidenschaft Rosen züchtete, ist nicht einsehbar. Der Schriftsteller hat sich der Stadt und ihrer Bewohner für seine Literatur bedient. Die Plätze, Straßen und die Palais bieten eine geeignete Kulisse, die Menschen, die er beobachtete, erscheinen, leicht verändert, als Romanfiguren: Pfarrer, Adlige, Bürgertöchter, alte Damen. Wie der Vicomte de Brassard, dessen Geschichte in den *Diabolischen Geschichten* zum besten gegeben wird.
»Der Vicomte de Brassard befand sich in jenem Daseinsabschnitt, wo man nicht mehr mit der Peitsche knallt. Indessen ist er einer jener Menschen, die ihrem Charakter nach Engländer sein könnten (er ist in England erzogen worden), Menschen, die, auch wenn sie zu Tode verwundet wären, es niemals zugeben, vielmehr mit der Versicherung, sie seien wohlauf, sterben würden.«[14]
Heute soll in dem Hôtel de Grandval-Caligny eine alte Dame wohnen, die manchmal geneigt ist, Besucher einzulassen und die ehemaligen Gemächer ihres bekannten Vorgängers zu öffnen, meist aber nicht. Einmal mehr muß man seine Phantasie spielen lassen, um der unheimlichen Atmosphäre, die in den *Diabolischen Geschichten* zu spüren ist, auf die Schliche zu kommen.
Wir gehen ein paar Schritte zurück, zum Haus Nummer 28, dem Hôtel du Louvre, der ehemaligen Poststation. Hier wurden früher die Kutschpferde gewechselt, die Reisenden verköstigt und beherbergt. Im Innenhof sieht man noch

einen Unterstand und einen steinernen Trog. Bevor er die Wohnung im Hôtel Grandval-Caligny bezog, hatte sich Barbey-d'Aurevilly in diesem Hotel für einige Monate eingemietet. Er bewohnte das Zimmer Nummer 4, das mit dem gesamten Mobiliar erhalten ist. Der Gast von heute kann also in genau dem Bett schlafen, in dem schon Barbey-d'Aurevilly sich zur Ruhe bettete, und sich von der Atmosphäre des Ortes inspirieren lassen. Er könnte dabei von einem Geist heimgesucht werden. Denn die erste urkundliche Erwähnung des Hôtel du Louvre im Jahr 1708 geschah im Zusammenhang mit einem Mord, der in dieser Poststation an einem Adligen verübt wurde. Das war ganz nach dem Geschmack des für solche Geschichten äußerst empfänglichen Schriftstellers. Seine Erzählung *Der rote Vorhang*, in der es um den mysteriösen Tod einer jungen Frau geht, spielt des Nachts, als eine Kutsche, in der sich zwei Reisende unterhalten, am Hôtel du Louvre für einen Radwechsel hält. Ein Fenster oberhalb des Gasthofs zieht die Aufmerksamkeit der Reisenden auf sich.

»Freilich war der Gasthof, vor dem wir hielten, geschlossen. Hier wurde nicht zu Abend gegessen. Das war bereits beim vorhergegangenen Pferdewechsel geschehen. Der Gasthof schlief wie wir. Kein Lebenszeichen war wahrnehmbar. Kein Geräusch störte seine tiefe Stille bis auf das eintönige, müde Scharren eines Besens, mit dem irgend jemand (ob Mann oder Frau, das blieb ungewiß; es war zu dunkel, um das zu erkennen) den großen Hof des stummen Gasthofs fegte, dessen Einfahrtstor wie gewöhnlich offenstand. Auch dieses träg schleppende Scharren des Besens auf dem Hofpflaster schien zu schlafen oder doch wenigstens ein verteufeltes Verlangen danach zu haben! Die Fassade des Gasthofs war dunkel wie die anderen Häuser der Straße, die nicht beleuchtet waren, bis auf ein einziges Fenster, eben jenes Fenster, das mir unvergeßlich geblieben ist und an das ich immerfort denken muß!«[15]

Diese Erzählung verdankt ihre Entstehung dem nächtlichen Blick Barbey-d'Aurevillys auf die stille Straße. Als er im Haus gegenüber hinter einem Fenster einen rötlichen Schimmer gewahrte, begann er sich vorzustellen, was sich hinter diesem roten Vorhang abspielten könnte.

»... in dieser schlafbefangenen Stadt, wo vielleicht ein Träumer wie ich durch sein Zimmerfenster die Fassaden der von der Nacht verwischten Häuser zu erkennen versuchte oder seinen Blick und seine Gedanken an ein zu dieser vorgerückten Stunde noch helles Fenster heftete – in solch einer kleinen Stadt mit geregelten, schlichten Sitten, für die die Nacht vor allem zum Schlafen geschaffen ist.«[16]

Ein Träumer, ein Phantast wie Barbey-d'Aurevilly durchschaut die schlichten Sitten und widmet sich der dunklen Seite menschlichen Handelns und Denkens. Dazu bot ihm die Stadt Valognes die nötigen Anregungen und Anstöße. Die schönste Liebeserklärung macht er ihr in seinem Tagebuch *Memorandum pour l'Ange blanc*:

»Unter dem Pflaster und in den Mauern der Häuser dieser Stadt ist ein Stück von meinem Herzen.«

Wir gehen in das Restaurant des Hôtel du Louvre und lassen uns den Tisch zeigen, an dem Barbey-d'Aurevilly zu speisen pflegte. Wie die Zimmer im Hotel hat man auch das Restaurant im wesentlichen so gelassen, wie es im 19. Jahrhundert aussah. Barbey-d'Aurevillys Stammplatz soll auf der rechten Seite in der Mitte gewesen sein, ein Portrait von ihm hängt an der Wand. Sogar eine alte Rechnung, ausgestellt auf seinen Namen, ist noch vorhanden. Was er gegessen hat, war recht deftige Kost für einen aristokratischen Dandy: Gänseschmalz und Hammelkeule, dazu Bier und Kaffee. Die rauhen, stürmischen Winter im Cotentin verlangten nach kräftiger Nahrung. Die Speisekarte des Restaurants sieht heute anders aus. Sie können sich davon überzeugen, daß nicht nur die Augen, sondern auch der Gaumen des Gastes hier zu seinem Recht kommt.

Wer anschließend noch einen Rundgang durch die Stadt machen möchte, ohne auf den Spuren des diabolischen Dandys zu wandeln, dem sei ein Besuch im Calvados-Museum (Hôtel de Thieuville, rue Pelouze) und im Cidre-Museum (Maison du Grand Quartier, rue du petit Versailles) empfohlen. Und wenn es Sie ein wenig schaudern soll, gehen Sie zur place du Calvaire. Hier rollten während der Revolution die Köpfe, es war der Platz des Schafotts.

11. Mont-Saint-Michel

Zwischen Himmel und Meer

Abschluß unserer literarischen Reise durch die Normandie ist der **Mont-Saint-Michel**. Er ist ein Grenzfall. Daß er zur Normandie gezählt wird und nicht zur Bretagne, ist reiner Zufall beziehungsweise dem Lauf des Flusses Couesnon zu verdanken, denn die Bucht, in der der Mont-Saint-Michel liegt, ist genau die Grenze zwischen den beiden régions Bretagne und Basse-Normandie. Und so heißt ein französischer Reim:

»Le Couesnon par sa folie
a mis le Mont en Normandie«,

was frei übersetzt bedeutet:
»Die Laune des Couesnon bewirkt, daß der Mont-Saint-Michel zur Normandie gehört.«

Am Anfang war ein Granitfelsen in einer Bucht mit Sümpfen – und eine Legende. Der Erzengel Michael soll einen Drachen, der die Gegend verwüstete, bekämpft und damit König Elgar und sein Reich gerettet haben. Im Jahr 708 wurde der Bischof von Avranches von ebendiesem Erzengel im Traum aufgefordert, eine Kirche für ihn zu bauen. Damals hieß der Mont-Saint-Michel Mont Tombe und war noch nicht vom Meer umgeben. Kurze Zeit später verwandelte eine Springflut ihn in eine Insel. Der folgsame Bischof von Avranches ließ seine Mönche mit dem Bau eines Heiligtums auf dem Berg im Meer beginnen. Eine Umrißrekonstruktion aus dem 10. Jahrhundert zeigt einen spärlich bewaldeten Felsberg mit drei Häuschen darauf, die im 11. Jahrhundert bereits einer romanischen Kirche gewichen sind. Schon zu diesem Zeitpunkt galt die Abtei als »heiliger

Ort«, der von Pilgern aufgesucht wurde. Wilhelm der Eroberer holte sich hier göttlichen Beistand, bevor er mit seinen Truppen den Ärmelkanal überquerte, um gegen England ins Feld zu ziehen.

Die Abteikirche wurde seit der Gründung des Heiligtums so oft um- und neu gebaut, daß man von ständigen, sich über die Jahrhunderte hinziehenden Bauarbeiten sprechen kann. Während der Französischen Revolution wurden erst die Mönche vertrieben, dann die Abtei in ein Gefängnis umfunktioniert, in das all die Geistlichen gebracht wurden, die ihrem Glauben nicht abschworen. Bis weit ins 19. Jahrhundert hinein diente sie als Zuchthaus für politische Gefangene. 1874 wurde der Mont-Saint-Michel zum historischen Monument erklärt.

Immer wieder wurde von Wundern berichtet, von Rettungen vor dem herannahenden Meer bei Springflut oder vor trügerischem Treibsand bei Ebbe. Diesen Gefahren waren alle ausgesetzt, die sich dem heiligen Berg näherten. Trokkenen Fußes war er nur bei Niedrigwasser zu erreichen. So blieb es bis zum Ende des 19. Jahrhunderts. Der Damm, der das Festland mit dem Berg verbindet, wurde 1879 gebaut, 1901 für eine Schienenbahn erweitert. Heute führt eine Straße durch die Bucht, an deren Ende Parkplätze für die Touristen eingerichtet sind, von denen dreieinhalb Millionen jährlich die Insel besuchen. Es ist kein Vergnügen, sich im Sommer mit 20 000 anderen durch die engen Gassen zu drängeln. Wer es einrichten kann, sollte im Spätherbst oder im Winter den Berg erklimmen. Nur dann ist ein wenig von der mystischen Atmosphäre zu spüren, die der Mont-Saint-Michel ausstrahlt und von der Dichter und Maler bezaubert waren.

Den eindrucksvollsten Schauerroman, der am Mont-Saint-Michel und um ihn herum spielt, schrieb im Jahr 1850 der französische Schriftsteller Paul Féval: *La Fée des Grèves* (Das Gespenst des Wattenmeeres). Zugrunde liegt die Sage von einem weißen Nebel, der sich über die Bucht zwischen dem Mont-Saint-Michel und dem Festland legte. Wer sich darin verirrte, kam vom Weg ab und versank im Treibsand. Die Küstenbewohner, die Muschelsucher fürchteten sich vor diesem Phänomen und nannten es »das Gespenst des Wattenmeeres«. Es sah aus wie eine weiße Frau mit einem blauen Umhang, die manch einer des Abends auf dem Wasser hat gehen sehen.

»Wenn Sie des Nachts den letzten Küstenabschnitt der Strecke von Saint-Malo nach Dol zurücklegen und ein leichter Nebelschleier den flachen Boden des Sumpfes bedeckt, wissen Sie nicht mehr, auf welcher Seite des Dammes das Watt liegt und auf welcher fester Boden. Zur rechten und zur linken dieselbe bedrückende und stumme Leere. Nichts deutet auf eine bewohnte Gegend hin. Sie könnten glauben, der Weg verliefe zwischen zwei großen Meeren.

Die entschwundenen Dinge haben ihre Gespenster, so wie die Toten. Die Nacht erweckt den Geist vergangener Zeiten und menschlicher Schatten.«[1]

In seinem Roman erzählt Paul Féval, was es mit dem weißen Nebel auf sich hat. Die Geschichte reicht bis ins 15. Jahrhundert zurück, als der Herrscher der Bretagne, Herzog François, auf einer Pilgerreise den Mont-Saint-Michel besuchte. In bester romantischer Schauerroman-Manier geht es um Liebe und Haß, um Verrat und Heldentum, um die schöne, engelsgleiche Reine, und natürlich immer wieder um das Meer.

»Oh, wie schnell es kommt, das Meer, und wie schnell der Tod! Es rast unsichtbar, dort hinten. Von welcher Seite? Man weiß es nicht.

Nah oder fern? Man weiß es nicht.
Aber es rennt, es gleitet heran, es kommt.
Es ist da, versteckt hinter dem Unbekannten, hinter dem geheimnisvollen Raum. Man hört es näher kommen und grollen.
Oh, wie schnell es kommt!«[2]

Viele reisende Schriftsteller haben ihn besucht und beschrieben, den Mont-Saint-Michel. An erster Stelle Victor Hugo, der bei seinem ersten Besuch 1836, als die Abtei immer noch als Gefängnis genutzt wurde, tief beeindruckt war – von der Schönheit und der Misere – und der mehrmals zurückkehrte. Zwei Briefe schrieb er 1836 von dort, einen an die französische Komponistin und Dichterin Louise Bertin.
»Im Winter mit Orkanen, Stürmen und Schiffbrüchen muß es schrecklich sein. Sonst ist es einmalig. Ein merkwürdiger Ort ist dieser Mont-Saint-Michel. Um uns herum, so weit das Auge reicht, der unendliche Raum, der blaue Horizont des Meeres, der grüne Horizont des Festlands, die Wolken, die Luft, die Freiheit, die Vögel im Flug mit ausgebreiteten Flügeln, die Schiffe mit geblähten Segeln; und plötzlich auf einer Mauerkante, oberhalb unserer Köpfe, durch ein vergittertes Fenster hindurch das bleiche Gesicht eines Gefangenen. Noch nie zuvor habe ich so lebhaft den grausamen Widerspruch zwischen Mensch und Natur empfunden.«[3]
Einen Tag später verfaßte er einen weniger poetischen Brief an seine Frau Adèle. Auch hier schildert er die Eindrücke, die das Gefängnis in ihm hinterlassen hat.
»Gestern war ich auf dem Mont-Saint-Michel. Ich habe genau und sorgfältig das Schloß, die Kirche, die Abtei und die Kreuzgänge besichtigt. Eine ungeheure Verwüstung. Stell dir vor, ein Gefängnis, so etwas Verkommenes und Stinkendes nennt man Gefängnis – in der großartigen Umgebung

von Priestern und Rittern des 14. Jahrhunderts. Eine Kröte in einer Reliquie. Wann wird man in Frankreich endlich verstehen, daß Denkmäler etwas Heiliges sind?
Von außen erscheint der Mont-Saint-Michel als etwas Sublimes, wie eine wunderbare Pyramide, bei der jede Stufe ein Fels ist, gemeißelt vom Ozean, oder ein hoher Raum, vom Mittelalter gestaltet, und dieser ungeheure Felsblock steht manchmal auf einer Sandwüste wie die Cheops-Pyramide, manchmal auf dem Meer wie die Insel Teneriffa.
Im Innern ist der Mont-Saint-Michel erbärmlich. Ein Gendarm am Tor sitzt auf der großen, rostigen Kanone, die von den unvergeßlichen Verteidigern des Schlosses den Engländern abgenommen wurde. Es gab eine zweite Kanone gleicher Herkunft. Man hat sie dummerweise im Schlamm versinken lassen. Ich steige hinauf. Es ist ein widerwärtiger Ort, wo man nur auf hinterhältige Bauern, gelangweilte Soldaten und ab und zu auf einen Gefängnispfarrer trifft.«[4]
Und so geht es fort in der Beschreibung, die geradezu zu einer Anklage wird und in der Forderung mündet, das Gefängnis abzuschaffen. Die Schönheit der Natur, die Weite des Meeres und die Geschichte, die den Bauwerken innewohnt, setzt Victor Hugo gegen das Elend und die Bosheit der Menschen. Am liebsten sah er den Mont-Saint-Michel von weitem, wo der distanzierte Blick Natur und Menschenwerk vereinigte und dem Ganzen das Gesicht einer Pyramide gab.
Gustave Flaubert und Maxime Du Camp, Théophile Gautier, Guy de Maupassant, Jules Michelet, Roger Vercel, Michel Tournier, sie alle sind zum Mont-Saint-Michel gereist und haben ihre Eindrücke von dem eindrucksvollen Berg festgehalten.
Der italienische Dichter Alberto Savinio sah mit an den Besucherströmen Italiens geschultem Blick 1931 die Anfän-

ge des modernen Tourismus den heiligen Berg ereilen. Er konnte nicht wissen, daß der Mont-Saint-Michel zu seiner Zeit im Vergleich zu heute immer noch eine einsame Insel war.

»Der Mont-Saint-Michel ist, bei allem Respekt für die Unterschiede, für Frankreich, was Venedig für Italien ist. Er war abwechselnd Benediktinerkloster, Festung, Gefängnis. Heute läuft kein barfüßiger, erschöpfter Pilger mehr betend über den Sand der Bucht, um zum Heiligtum des Erzengels zu gelangen; kein erbitterter Feind von Napoléon III. kauert angekettet in einer Ecke des dunklen Kerkers im Zuchthaus für politische Gefangene. Dafür reisen beleibte Touristen dorthin, ihren Cicerone im Kopf und den Führer an der Hand, in komfortablen Automobilen auf dem Damm, der die bretonische Küste mit der Insel verbindet, oder mit Pferdebahnen, die täglich von der normannischen Küste abfahren.«[5]

Rouen

- Office de tourisme de Rouen, 25, place de la Cathédrale, 76000 Rouen, Tel. 0033 2 3208 3240, www.rouentourisme.com, www.rouen.fr
- Musée Flaubert et d'Histoire de la Médecine, 51, rue de Lecat, Tel. 0033 2 35155995
  Geöffnet Di 10-18 Uhr und Mi-Sa 10-12 Uhr und 14-18 Uhr. So, Mo und an Feiertagen geschlossen.

Weitere Sehenswürdigkeiten: Cathédrale Notre-Dame, place de la Cathédrale; L'abbatiale Saint Ouen, place du Général-de-Gaulle; Le Gros Horloge, rue du Gros-Horloge; Musée Jeanne d'Arc, 33, place du Vieux-Marché; La place du Vieux Marché; L'église Saint Maclou, 186, rue de Martainville; Musée Pierre Corneille, 4, rue de la Pie; Le Palais de Justice, 36, rue aux Juifs; Musée des Beaux-Arts, square Verdrel

- Brasserie Paul, 1, place de la Cathédrale, 76000 Rouen, Tel. 0033 2 35718607

Croisset

Für Informationen über Croisset wenden Sie sich an das Office de Tourisme in Rouen.

- Pavillon Flaubert in Croisset, 18, quai Gustave Flaubert, Dieppedalle-Croisset, Tel. 0033 2 35364391
  Die Öffnungszeiten ändern sich häufig, am besten erfragt man sie telefonisch oder per mail: bm.villon@rouen.fr

Ry

- Office de tourisme des Trois Vallées, Maison de l'Abreuvoir, 76116 Ry, Tel. 0033 02 3523 1990, www.ot-ry-troisvallees.com
- Galerie Bovary – Musée d'automates à Ry, Tel. 0033 2 3523 6144
  Öffnungszeiten werden variabel gestaltet: geöffnet von Ostern bis Ende Oktober Sa, So, Mo und an Feiertagen; im Juli und August auch an den anderen Wochentagen

Weitere Sehenswürdigkeiten in der Umgebung: Château de Martainville: Musée des Arts et Traditions Normands; Château de Vascœuil; Musée d'instruments de musique mécanique à Mesnil Raoul

Villequier

Für Informationen über Villequier wenden Sie sich an das Office de Tourisme in Caudebec-en-Caux.

- Musée Victor Hugo, quai Victor Hugo, 76490 Villequier, Tel. 0033 2 3556 7831
  Geöffnet täglich von 10-12.30 Uhr und 14-17.30 Uhr, außer Di, Sonntagvormittag und an Feiertagen

Caudebec-en-Caux

- Caudebec-en-Caux et sa région, Office de Tourisme, quai Guilbaud, 76490 Caudebec-en-Caux, Tel. 0033 02 3270 4632, www.caudebec-en-caux.com
- Musée de la Marine de Seine, Tel. 0033 2 3595 9013
  Geöffnet April bis September 14-18.30 Uhr; Oktober bis März 14-17.30 Uhr

Fécamp

- Office Intercommunal de Tourisme, 113, rue Alexandre Le Grand, 76404 Fécamp, Tel. 0033 2 3528 5101, www. fecamptourisme.com
- Musée des Terre-Neuvas et de la Pêche, boulevard Albert Ier, Tel. 0033 2 3528 3199
  Geöffnet Juli und August 10-19 Uhr; September bis Juni täglich außer Di 10-12 Uhr und 14-17.30 Uhr

Weitere Sehenswürdigkeiten:

- Palais Bénédictine, 110, rue Alexandre-le-Grand, Tel. 0033 2 35102610
- Musée des Pêcheries (eröffnet 2008)

Étretat

- Étretat Office de Tourisme, place Maurice-Guillard, 76790 Étretat, Tel. 0033 2 3527 0521, www.etretat.net
- Le Clos Arsène Lupin, 15, rue Guy de Maupassant, 76790 Étretat, Tel. 0033 2 3510 5953, www.arsene-lupin.com Geöffnet April bis September 10-18 Uhr; Oktober bis März Fr und am Wochenende 11-17 Uhr

Weitere Sehenswürdigkeiten: La Chapelle Notre-Dame-de-la-Garde; Les Halles, die alte Markthalle; L'Église Notre-Dame; Musée Nungesser-et-Coli

Honfleur

- Honfleur Office de Tourisme, quai Lepaulmier, 14602 Honfleur, Tel. 0033 2 3189 2330, www.ot-honfleur.fr
- Hôtel Ferme Saint-Siméon, rue Adolphe-Marais, 14600 Honfleur, Tel. 0033 2 3181 7800, www.fermesaintsimeon.fr
- Maisons Satie (Satie-Museum), 67 boulevard Charles V, 14600 Honfleur, Tel. 0033 2 3189 1111, www.ville-honfleur.fr Geöffnet Mai bis September täglich außer Di 11-19 Uhr; Oktober bis Dezember und Mitte Februar bis Ende April täglich außer Di 11-18 Uhr

Weitere Sehenswürdigkeiten: Le quartier et l'église Saint-Léonard; Le quartier et l'église Sainte-Catherine; Musée Eugène Boudin, place Erik-Satie; Musée de la Marine, quai Saint-Etienne; Musée d'Ethnographie, quai Saint-Etienne

Trouville

- Office de Tourisme de Trouville, 32, quai Fernand-Moureaux, 14360 Trouville, Tel. 0033 2 3114 6070, www.trouvillesurmer.org
- Pâtisserie et Salon de thé »Charlotte Corday«, 172, boulevard Fernand-Moureaux, gegenüber vom Casino, Tel. 0033 2 3188 1176
- Hôtel et Restaurant Le Central, 158, quai Fernand-Moureaux, 14360 Trouville-sur-mer, Tel. Hotel: 0033 2 3188 8084, Tel. Restaurant: 0033 2 3188 1368, www.le-central-trouville.com

- Hôtel Flaubert, rue Gustave Flaubert, 14360 Trouville, Tel. 0033 2 3188 3723, www.flaubert.fr
  15. März bis 15. November

Cabourg

- Office de Tourisme, jardins de l'Hôtel de Ville, Tel.: 0033 2 3106 2000, www.cabourg.net
- Grand Hôtel de Cabourg, promenade Marcel Proust, 14390 Cabourg, Tel. 0033 2 3191 0179, www.grandhotel-cabourg.com

Le Mesnil-au-Grain

- Musée »La Percée du Bocage«, Saint-Martin-des-Besaces, Tel. 0033 2 3167 5278
  Geöffnet Juni bis Mitte September täglich außer Di 10-12 Uhr und 14-18 Uhr; im Mai an den Wochenenden 10-12 Uhr und 14-18 Uhr

Mesnil-Geoffroy

- Chambre d'hôte Château du Mesnil-Geoffroy, 76740 Ermenouville. (12 Kilometer von St-Valéry-en-Caux über die D 20 und D108) Tel. 0033 2 3557 1277, contact@chateau-mesnil-geoffroy.com

St.-Sauveur-le-Vicomte

- St.-Sauveur-le-Vicomte Office de Tourisme, Le Vieux Château, 50390 St.-Sauveur-le-Vicomte, Tel. 0033 2 3321 5044, www.saintsauveurlevicomte.fr
- Le Château, Tel. 0033 2 3321 5044, Führungen im Juli und August täglich außer Sonntag und Feiertag 15 Uhr, 16 Uhr und 17 Uhr
- Musée Barbey-d'Aurevilly, rue Bottin Desylles, Tel. 0033 2-3341 6518
  Geöffnet Juni bis Mitte September täglich außer Di 10-12 Uhr und 15-18 Uhr; Mitte September bis Ende Mai am Wochenende 15-17 Uhr

Valognes

- Valognes Office de Tourisme, place du Château, 50700 Valognes, Tel. 0033 2 3340 1155, www.mairie-valognes.fr
- Hôtel de Beaumont, 11, rue Barbey-d'Aurevilly, Tel. 0033 2 3340 1230
  Führungen Juli bis September, Ostern, an Feiertagen im Mai und an Sonntagen im Juni 14.30-18.30 Uhr
- Grand Hôtel du Louvre, 28, rue des Religieuses, Tel. 0033 2 3340 0007, www.grandhoteldulouvre.com
- Musée régional du Cidre, Maison du Grand Quartier, rue du petit Versailles
- Musée du Calvados et des Vieux Métiers, Hôtel de Thieuville, rue Pelouze, Tel. 0033 2 3340 2273
  Geöffnet Juli und August täglich 10-12 Uhr und 14-18 Uhr, So 14-18 Uhr; April, Mai, Juni und September täglich außer Di 10-12 Uhr und 14-18 Uhr, So 14-18 Uhr

Quellennachweise

Die Originalzitate wurden, sofern nicht anders vermerkt, von Sabine Grimkowski übersetzt.

1. Rouen, Croisset, Ry – Gustave Flaubert

(1) Gustave Flaubert: Madame Bovary. Revidierte Übersetzung aus dem Französischen von Arthur Schurig. Insel Verlag Frankfurt am Main und Leipzig 1994

(2) Gustave Flaubert: Die Versuchung des heiligen Antonius. Aus dem Französischen von Barbara und Robert Picht. Insel Verlag Frankfurt am Main und Leipzig 1996

(3) Gustave Flaubert: Un cœur simple. In: Gustave Flaubert : Trois Contes. Éditions Gallimard, Paris 2003

(4) Gustave Flaubert: Un cœur simple, a. a. O.

(5) Gustave Flaubert: Madame Bovary (diese Passage fehlt in der deutschen Übersetzung)

(6) Gustave Flaubert: Madame Bovary, a. a. O.

(7) Gustave Flaubert: Madame Bovary, a. a. O.

(8) Gustave Flaubert: La légende de Saint Julien l'Hospitalier. In: Gustave Flaubert: Trois Contes, a. a. O.

(9) Gustave Flaubert: La légende de Saint Julien l'Hospitalier, a. a. O.

(10) Gustave Flaubert: Hérodias. In: Gustave Flaubert: Trois Contes, a. a. O.

(11) Gustave Flaubert: Hérodias, a. a. O.

(12) Gustave Flaubert: Madame Bovary, a. a. O.

(13) Gustave Flaubert: Madame Bovary, a. a. O.

(14) Gustave Flaubert: Madame Bovary, a. a. O.

(15) Gustave Flaubert: Madame Bovary, a. a. O.

(16) Simone de Beauvoir: In den besten Jahren. Aus dem Französischen von Rolf Söllner. Copyright © 1961 by Rowohlt Verlag GmbH, Reinbek

(17) Brief an Laure de Maupassant. In: Gustave Flaubert: Der Briefwechsel mit Guy de Maupassant. Aus dem Französischen von Cornelia Hasting. Haffmans Verlag, Zürich 1997

(18) Gustave Flaubert: Reisetagebuch aus Ägypten. Herausgegeben von Dr. Georg A. Narciss. Bearbeitet nach der Ausgabe von 1920 in der Übersetzung von E. W. Fischer. © S. Fischer Verlag GmbH, Frankfurt am Main
(19) Guy de Maupassant: Über Flaubert. In: Gustave Flaubert: Der Briefwechsel mit Guy de Maupassant, a. a. O.
(20) Gustave Flaubert: Madame Bovary, a. a. O.
(21) Gustave Flaubert – Alfred Le Poittevin / Gustave Flaubert – Maxime Du Camp. Correspondences. Texte établi, présenté et annoté par Yvan Leclerc. Editions Flammarion, Paris 2000
(22) Gustave Flaubert: Madame Bovary, a. a. O.
(23) Gustave Flaubert: Madame Bovary, a. a. O.
(24) Gustave Flaubert: Madame Bovary, a. a. O.
(25) Gustave Flaubert: Madame Bovary, a. a. O.
(26) Gustave Flaubert: Madame Bovary, a. a. O.
(27) Gustave Flaubert: Madame Bovary, a. a. O.
(28) Gustave Flaubert: Madame Bovary, a. a. O.

2. Villequier – Victor Hugo

(1) Brief von Léopoldine an Victor Hugo zwischen dem 24. und 27. August 1839, S. 58
Die Texte stammen, wenn nicht anders angegeben, aus dem Katalog »Victor Hugo et la Normandie«. Musée Victor Hugo de Villequier, Juin – Octobre 1985. Aus dem Französischen von Sabine Grimkowski
(2) Brief von Victor Hugo an seine Frau. Katalog, S. 58/59
(3) Victor Hugo, 16. Februar 1843. Katalog, S. 61
(4) Katalog, S. 65
(5) Reisetagebuch von Juliette Drouet. Katalog, S. 66
(6) Katalog, S. 69
(7) Katalog, S. 69
(8) Brief von Juliette Drouet vom 26. September 1846. In: Œuvres complètes. Tome 7. Édition chronologique sous la direction de Jean Massin. Club français du livre, Paris 1967
(9) Brief von Victor Hugo vom 29. September 1846. Katalog, S. 70
(10) Brief von Madame Hugo an ihren Mann. Katalog, S. 181

(11) Katalog, S. 189-190
(12) Victor Hugo: Demain dès l'aube. In: Contemplations. Aus dem Französischen von Hartmut Köhler. In: Interpretationen. Französische Gedichte des 19. und 20. Jahrhunderts. Verlag Philipp Reclam jun., Stuttgart 2001
(13) Brief von Léopoldine Hugo an Louis Boulanger vom 12. Mai 1843. Katalog, S. 35

3. Fécamp – Guy de Maupassant

(1) Olivier Frébourg: Maupassant, le clandestin. Mercure de France, Paris 2000
(2) Guy de Maupassant: Pierre und Jean. Aus dem Französischen von Ernst Weiß. Insel Verlag Frankfurt am Main und Leipzig 2004
(3) Guy de Maupassant: Ein Leben. Aus dem Französischen von Ingeborg Havemann-Harnack. © Aufbau Verlagsgruppe GmbH, Berlin 1971 (die deutsche Erstausgabe erschien 1971 im Aufbau-Verlag; Aufbau ist eine Marke der Aufbau Verlagsgruppe GmbH)
(4) Zitiert nach Olivier Frébourg: Maupassant, le clandestin, a. a. O.
(5) Guy de Maupassant: Brief an Caroline Commanville, Januar 1884. Zitiert nach: Dominique Bussillet: Lettres. Promenades épistolaire sur la Côte Normande au XIX siècle. Éditions Cahiers du temps, Cabourg 2001
(6) Laure de Maupassant an Gustave Flaubert, Étretat, 16. März 1866. In: Gustave Flaubert: Der Briefwechsel mit Guy de Maupassant, a. a. O.
(7) Guy de Maupassant: Ein Leben, a. a. O.
(8) Strandgut. In: Guy de Maupassant: Fünfzig Novellen. Aus dem Französischen von N. O. Scarpi. Manesse Verlag, Zürich 1998
(9) Guy de Maupassant: Die Wiederkehr. In: Gesamtausgabe der Romane und Novellen. Band 4. Aus dem Französischen von Irma Schauber und Ernst Sander. Wilhelm Goldmann Verlag, München 1963. Alle Rechte an der Übersetzung von Ernst San-

der liegen beim Wilhelm Goldmann Verlag, München, einem Unternehmen der Verlagsgruppe Random House GmbH
(10) Guy de Maupassant: Ein Leben, a. a. O.
(11) Guy de Maupassant: Das Haus Tellier. In: Gesamtausgabe der Romane und Novellen. Band 1, a. a. O.
(12) Guy de Maupassant: Das Haus Tellier, a. a. O.
(13) Guy de Maupassant: Das Haus Tellier, a. a. O.
(14) Guy de Maupassant: Das Haus Tellier, a. a. O.
(15) Guy de Maupassant: Das Haus Tellier, a. a. O.

4. Étretat – Maurice Leblanc alias Arsène Lupin / George Simenon / André Gide

(1) Guy de Maupassant: Étretat. Aus einem Prospekt der Stadt
(2) Olivier Frébourg: Maupassant, le clandestin, a. a. O.
(3) Maurice Leblanc: Die hohle Nadel. Aus dem Französischen von Erika Gebühr. Diogenes Verlag, Zürich 1976
(4) Dokument vom Clos Lupin
(5) Jacques Dérouard: Maurice Leblanc. Arsène Lupin malgré lui. Biographie. Librairie Séguier, 1989
(6) Maurice Leblanc: Die hohle Nadel, a. a. O.
(7) Maurice Leblanc: Die hohle Nadel, a. a. O.
(8) Jacques Derouard: Maurice Leblanc, a. a. O.
(9) Maurice Leblanc: Die hohle Nadel, a. a. O.
(10) Georges Simenon: Maigret und die alte Dame. Aus dem Französischen von Renate Nickel. Diogenes Verlag, Zürich 1997
(11) Georges Simenon: Maigret und die alte Dame, a. a. O.
(12) Brief von Guy de Maupassant an Gustave Flaubert vom 3. November 1877. In: Gustave Flaubert: Der Briefwechsel mit Guy de Maupassant, a. a. O.
(13) Ebenda
(14) André Gide: Stirb und werde. In: Gesammelte Werke in zwölf Bänden. Erster Band: Autobiographisches. Aus dem Französischen von Johanna Borek. © 1989 Deutsche Verlags-Anstalt, München in der Verlagsgruppe Random House GmbH

5. Honfleur – Charles Baudelaire / Erik Satie

(1) Charles Baudelaire: Enivrez-vous. Zitiert nach: Charles Baudelaire in Selbstzeugnissen und Bilddokumenten. Dargestellt von Pascal Pia. Rowohlt Verlag, Reinbek 1958
(2) Alle Briefe zitiert nach: Dominique Bussillet: Lettres, a. a. O.
(3) Ornella Volta: Erik Satie Honfleurais. Collection les Carnets d'Honfleur. Édition de la Lieutenance, 1998
(4) Zitiert nach: Grete Wehmeyer: Erik Satie. Bilder und Dokumente. Edition Spangenberg, München 1992
(5) Grete Wehmeyer: Erik Satie, a. a. O.
(6) Grete Wehmeyer: Erik Satie, a. a. O.
(7) Ornella Volta: Erik Satie Honfleurais, a. a. O.
(8) Ornella Volta: Erik Satie Honfleurais, a. a. O.
(9) Zitiert nach Grete Wehmeyer: Erik Satie, a. a. O.

6. Equemauville / bois du Breuil – Françoise Sagan

(1) Françoise Sagan: Bonjour Tristesse. Aus dem Französischen von Helga Treichl. © 1996 Ullstein Buchverlage GmbH, Berlin
(2) Françoise Sagan: Mein Blick zurück. Aus dem Französischen von Claudia Feldmann. © 2000 Ullstein Buchverlage GmbH, Berlin
(3) Françoise Sagan: Mein Blick zurück, a. a. O.
(4) Françoise Sagan: Mein Blick zurück, a. a. O.
(5) Françoise Sagan: Bonjour Tristesse, a. a. O.

7. Trouville – Marguerite Duras / Undine Gruenter

(1) Guide annuaire de Trouville Deauville 1868. Zitiert nach Emmanuelle Gallo: Les Roches Noires. Trouville-sur-Mer. Cahiers du temps, Cabourg 2000
(2) Adolphe Belot: Les Baigneuses de Trouville. Zitiert nach Emmanuelle Gallo: Les Roches Noires, a. a. O.
(3) Marguerite Duras/Michelle Porte: Die Orte der Marguerite Duras. Aus dem Französischen von Justus F. Wittkopp. Suhrkamp Verlag Frankfurt am Main 1985
(4) Marguerite Duras: Ecrire. Éditions Gallimard, Paris 1993
(5) Marguerite Duras: Nathalie Granger und Die Frau vom Gan-

ges. Aus dem Französischen von Andrea Spingler. Suhrkamp Verlag Frankfurt am Main 1994
(6) Marguerite Duras: Ecrire, a. a. O.
(7) Marguerite Duras: Yann Andréa Steiner. Aus dem Französischen von Andrea Spingler. Suhrkamp Verlag Frankfurt am Main 2000
(8) Marguerite Duras: Yann Andréa Steiner, a. a. O.
(9) Marguerite Duras: Yann Andréa Steiner, a. a. O.
(10) Yann Andréa: M. D. Aus dem Französischen von Renate Hörisch-Helligrath. Suhrkamp Verlag Frankfurt am Main
(11) Marguerite Duras: Der Liebhaber. Aus dem Französischen von Ilma Rakusa. Suhrkamp Verlag Frankfurt am Main 1985
(12) Marguerite Duras: Der Liebhaber, a. a. O.
(13) Marguerite Duras: Das tägliche Leben. Aus dem Französischen von Ilma Rakusa. Suhrkamp Verlag Frankfurt am Main 1988
(14) Undine Gruenter: Impasse du Bon Secour. In: Sommergäste in Trouville. Erzählungen. © 2003 Carl Hanser Verlag, München
(15) Undine Gruenter: Impasse du Bon Secour, a. a. O.
(16) Zitiert nach Dominique Bussillet: Lettres, a. a. O.
(17) Undine Gruenter: Impasse du Bon Secour, a. a. O.

8. Cabourg – Marcel Proust

(1) Marcel Proust: Brief an Robert de Montesquiou, September 1907. In: Briefe zum Werk. Suhrkamp Verlag Frankfurt am Main 1964
(2) Brief an Georges de Lauris, Juli 1908 (?). In: Briefe zum Leben. Aus dem Französischen übertragen von Uwe Daube. Suhrkamp Verlag Frankfurt am Main 1969
(3) Brief an Jean-Louis Vaudoyer, 19. Juli 1910. In: Briefe zum Leben, a. a. O.
(4) Brief an Albert Nahmias, seinen Sekretär, August 1911. In: Briefe zum Leben, a. a. O.
(5) Brief an Jean-Louis Vaudoyer vom 7. August 1912. In: Briefe zum Leben, a. a. O.
(6) Marcel Proust: Auf der Suche nach der verlorenen Zeit. Im

Schatten junger Mädchenblüte 1. Aus dem Französischen von Eva Rechel-Mertens. Suhrkamp Verlag Frankfurt am Main 1979

(7) Marcel Proust: Im Schatten junger Mädchenblüte 2, a. a. O.

(8) Marcel Proust: Im Schatten junger Mädchenblüte 2, a. a. O.

(9) Marcel Proust: Im Schatten junger Mädchenblüte 1, a. a. O.

(10) Marcel Proust: Im Schatten junger Mädchenblüte 1, a. a. O.

(11) Marcel Proust: Im Schatten junger Mädchenblüte 2, a. a. O.

(12) Marcel Proust: Freuden und Tage: Aus dem Französischen übertragen und herausgegeben von Luzius Keller. Suhrkamp Verlag Frankfurt am Main 1998

(13) Marcel Proust: Nachgeahmtes und Vermischtes. Aus dem Französischen von Henriette Beese, Ludwig Harig und Helmut Scheffel. Suhrkamp Verlag Frankfurt am Main 1989

(14) Marcel Proust: Im Schatten junger Mädchenblüte 1, a. a. O.

9. Le Mesnil-au-Grain – Alain und Catherine Robbe-Grillet

(1) Alain Robbe-Grillet: Der wiederkehrende Spiegel. Aus dem Französischen von Andrea Spingler. Suhrkamp Verlag Frankfurt am Main 1989

(2) Robert de Berg: Der Voyeur. Aus dem Französischen von Michael von Killisch-Horn. bellville verlag, München 1995

(3) Catherine Robbe-Grillet: Unveröffentlichter Text. Abdruck mit freundlicher Genehmigung der Autorin

(4) Alain Robbe-Grillet: Die Wiederholung. Aus dem Französischen von Andrea Spingler. Suhrkamp Verlag Frankfurt am Main 2003

(5) Alain Robbe-Grillet: Corinthes letzte Tage. Aus dem Französischen von Andrea Spingler. Suhrkamp Verlag Frankfurt am Main 1997

(6) Alain Robbe-Grillet: Corinthes letzte Tage, a. a. O.

(7) Alain Robbe-Grillet: Corinthes letzte Tage, a. a. O.

10. St.-Sauveur-le-Vicomte und Valognes – Jules Amédée Barbey-d'Aurevilly

(1) Jules Amédée Barbey-d'Aurevilly: Die Hintergründe einer Whistpartie. In: Diabolische Geschichten. Aus dem Französischen von Ernst Sander. Greno Verlag, Nördlingen 1985. Abdruck mit freundlicher Genehmigung von Ellen Peter-Sander.

(2) Jules Amédée Barbey-d'Aurevilly: Glück im Verbrechen. In: Diabolische Geschichten, a. a. O.

(3) Jules Amédée Barbey-d'Aurevilly: Memorandum pour l'Ange Blanc. Aux dépens de la Société Barbey d'Aurevilly, 2001

(4) Zitiert nach: Balades littéraires. Barbey-d'Aurevilly au cœur du Cotentin. Édité par le Conseil Général de la Manche et concu par Marie-Odile Laîné

(5) Jules Amédée Barbey-d'Aurevilly: Die Hintergründe einer Whistpartie, a. a. O.

(6) Jules Amédée Barbey-d'Aurevilly: Die Hintergründe einer Whistpartie, a. a. O.

(7) Jules Amédée Barbey-d'Aurevilly: Die Hintergründe einer Whistpartie, a. a. O.

(8) Jules Amédée Barbey-d'Aurevilly: Über das Dandytum. Aus dem Französischen von Gernot Krämer. Verlag Matthes und Seitz, Berlin 2006

(9) Edmont de Goncourt: Tagebuch. In: Jules Barbey-d'Aurevilly: Über das Dandytum, a. a. O.

(10) Jules Amédée Barbey-d'Aurevilly: Memorandum pour l'Ange blanc, a. a. O.

(11) Jules Amédée Barbey-d'Aurevilly: Memorandum pour l'Ange blanc, a. a. O.

(12) Jules Amédée Barbey-d'Aurevilly: Memorandum pour l'Ange blanc, a. a. O.

(13) Jules Amédée Barbey-d'Aurevilly: Der rote Vorhang. In: Diabolische Geschichten, a. a. O.

(14) Jules Amédée Barbey-d'Aurevilly: Der rote Vorhang, a. a. O.

(15) Jules Amédée Barbey-d'Aurevilly: Der rote Vorhang, a. a. O.

(16) Jules Amédée Barbey-d'Aurevilly: Memorandum pour l'Ange blanc, a. a. O.

11. **Mont-Saint-Michel**

(1) Paul Féval: La Fée des Grèves. Bibliothèque électronique du Québec. Collection À tous les vents, Volume 43, version 1.0

(2) Paul Féval: La Fée des Grèves, a. a. O.

(3) Zitiert nach Dominique Bussillet: Lettres, a. a. O.

(4) Zitiert nach Dominique Bussillet: Lettres, a. a. O.

(5) Zitiert nach: Jean-Paul Brighelli: Entre ciel et mer, le Mont-Saint-Michel. Éditions Gallimard, Paris 1987

Bildnachweis

akg-images, Berlin: 80. Corbis, Düsseldorf: 4 (Christophe Boisvieux). Fonds Alain Robbe-Grillet / IMEC, Saint-Germain-la-Blanche-Herbe: 160 (Catherine Robbe-Grillet). Laif, Köln: 40 (Hemispheres), 45 (Hoa-Qui / D. Reperant), 122 (Helene Bamberger / Gamma). Mauritius Images, Maintal: 66 (Thorsten Marquardt), 94/95 (Günter Rossenbach), 130/131. (Photononstock). Agence Opale, Paris: 111 (Luc Fournol). Ullstein Bild, Berlin: 30 (Roger Viollet)

Umschlag: Hemispheres/Laif

Alle übrigen Fotos stammen aus dem Archiv der Autorin oder des Insel Verlags.

Danksagung

Danken möchte ich denen, die durch ihre Kenntnisse, ihre Hilfsbereitschaft und Unterstützung zum Entstehen des Buches beigetragen haben:

Catherine und Alain Robbe-Grillet
Hélène Bamberger
Doris Iani

Anne-Marie Bergeret (Maisons Satie)
Florence Boespflug-Leblanc (Clos Lupin)
Claude Daillencourt, Hôtel des Roches Noires
Sophie Fourny-Dargère (Musée Victor Hugo)
Marcel Dejours, Étretat
Jules Deshayes, Valognes
Jean-Paul Henriet (maire de Cabourg)
Yvan Leclerc, Université de Rouen